はじめに

外国語学習では「読む」「書く」「話す」「聴く」の□□□□□□□□□□が、この四技能をバランスよく身につけることは容易ではありません。とくに「書く」については、学習者のみならず、教える側にとっても難易度が高いため、学習内容から外されがちです。実際、中国語の「話す」「聴く」「読む」テキストは山のようにありますが、「書く」に徹したテキストはほとんど見当たりません。

外国語学習の醍醐味は、習得した言語でコミュニケーションすることにあるわけですから、旅行やオンラインですぐに使えて、手ごたえが簡単に確かめられる「話す」「聴く」に関心が向くのももっともなことです。日本の中等教育の英語科目においても、「読み」「書き」に偏重していて実用的ではないとの批判の声が上がった結果、いまや会話やリスニングが主流になってきています。

しかし、オンラインを活用してリアルオンタイムで現地の人の顔を見ながら手軽に会話できるようになった現在でも、仕事の現場で求められるのは、やはり「読む」「書く」力です。「話す」であれば適当にやり過ごせても、「書く」となるとそうはいきません。さらに、「話す」ことについても、当該外国語の文法・構造をしっかり押さえて「書く」練習をするのが、きちんと話すための近道なのです。

このような観点から、本書では「書く」ことを通して、中国語の文法や構造を理解し、基本を確実にマスターすることを目ざしました。

通常、テキスト制作で頭を悩ませるのは、限られた語彙や文法でいかに魅力的なストーリーを創作するかですが、本書には、気の利いたジョークも、ワクワクするような物語もありません。その代わり、文法や語句の説明をかなり詳しくしてあります。文法説明を読みながら例文の構造を考え理解した上で暗記し、練習問題に取り組むことによって、「書く」力だけではなく「読む」「話す」「聴く」力も向上すると確信しています。中国語そのものの魅力、中国語の深遠で広大無辺の世界、そこへいざなう物語を読み取っていただけたら幸いです。

なお、本書（Ⅰ，Ⅱ）は中国語を専攻としない場合、週2コマで1セメスター、週1コマなら2セメスターを標準学習時間と想定し、この第Ⅰ冊では中国語検定4級、HSK3級程度を基準としています。

最後になりましたが、本書の試行版を実際に大学の授業で使用してくださり、貴重なご意見を賜った于敏先生と李玲先生に衷心より感謝の意を表します。また、出版に際してご尽力いただきました朝日出版社の中西陸夫氏、新美朱理氏に心よりお礼申しあげます。

著者一同

目　次

発　音

1. 中国語の音節構造

   音節　＝　声母［音節頭子音］　＋　韻母［その他の部分］／声調
   Syllable　Initial　　　　　　　　Final　　　　　　　　Tone

   ① 声調は「声母＋韻母」という構造全体にかかっている。

   ② 韻母はさらに 介音（韻頭）＋ 主母音（韻腹）＋ 尾音（韻尾）に分けられる。
   　　　　　　　　　　Medial　　　　Vowel　　　　Ending

   ③ 上記のうち、主母音と声調以外は任意要素（軽声の音節は主母音のみの場合もある）。介音になるのは、i, u, ü のみである。

   ④ たとえば、"熊 xióng" という音節は次のように分析できる。

   ［声母］ ＋ ［介音］ ＋ ［主母音］ ＋ ［尾音］ ／ ［声調］
   　x　　　　　i　　　　　o　　　　　ng　　　第2声

2. 声調

   第1声：高く平らにのばす　　　　　　mā　（妈）

   第2声：中程の高さから上げる　　　　má　（麻）

   第3声：低くおさえる　　　　　　　　mǎ　（马）

   第4声：高いところから一気に下げる　mà　（骂）

   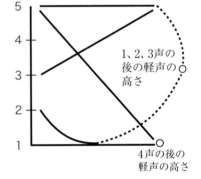

   1、2、3声の後の軽声の高さ

   4声の後の軽声の高さ

   軽　声：軽く短く　　　　　　　　　　māma　（妈妈）
   　　　　軽声音節は、前の音節の声調　yéye　（爷爷）
   　　　　によって高さが決まる。　　　nǎinai　（奶奶）
   　　　　　　　　　　　　　　　　　　dìdi　（弟弟）

3. 韻母

	i	u	ü
a	ia (ya)	ua (wa)	
o		uo (wo)	
e	ie (ye)		üe (yue)
ai		uai (wai)	
ei		uei (wei)	
ao	iao (yao)		
ou	iou (you)		
an	ian (yan)	uan (wan)	üan (yuan)
en	in (yin)	uen (wen)	ün (yun)
ang	iang (yang)	uang (wang)	
eng	ing (ying)	ueng (weng)	
ong	iong (yong)		
er			

4. 声母

b (o)	p (o)	m (o)	f (o)	
d (e)	t (e)	n (e)		l (e)
g (e)	k (e)		h (e)	
j (i)	q (i)		x (i)	
zh (i)	ch (i)		sh (i)	r (i)
z (i)	c (i)		s (i)	

5. ピンインのつづり方の規則

① i、u、ü が単独で音節となる時は、i → yi、 u → wu、 ü → yu とつづる。

② i -、u -、ü - ではじまる以下の母音が単独で音節となる時は、次のようにつづる。

i - → y	ia → ya	ie → ye	iao → yao
	iou → you	ian → yan	iang → yang
	iong → yong	in → yin	ing → ying
u - → w	ua → wa	uo → wo	uai → wai
	uei → wei	uan → wan	uen → wen
	uang → wang	ueng → weng	
ü - → yu	üe → yue	üan → yuan	ün → yun

③ iou, uei, uen が声母と結びつくと、まん中の母音 o, e はピンインのつづりでは省略する。

l ＋ iou → liu（liù 六）　　　　s ＋ uei → sui（suì 岁）　　　ch ＋ uen → chun（chūn 春）

④ ü、üan、ün は j-、q-、x- と結びつくとき、u の上のふたつの点をとり u、uan、un とする。

	j	q	x	l	n
u				lu	nu
ü	ju	qu	xu	lü	nü

⑤ 多音節語の途中に母音で始まる音節があるときには、音節の切れ目を示すために隔音符号「'」を入れる。

［Xī'ān（西安）、fāng'àn（方案）、shí'èr（十二）、lián'ǒu（莲藕）］

6. 声調記号のつけ方の規則

① 声調記号は母音の上につける。　　　　　　　　　［kè（课）、lǚ（旅）］

② 複母音の場合は：

a があれば a の上に。　　　　　　　　　　　　　［pǎo（跑）、guàn（惯）］

a がなければ、e か o の上に。　　　　　　　　　［xiě（写）、cuò（错）］

a も o も e もなければ、iu か ui なので、

その時は後ろの母音の上に。　　　　　　　　　　［qiú（球）、duì（对）］

③ i の上につける時は、上の点は取る。　　　　　　［chī（吃）、jǐ（几）］

7. 声調の変化

① 第3声 ＋ 第3声　→　第2声 ＋ 第3声

nǐ hǎo（你好）　→　ní hǎo　　　　yǔ fǎ（语法）　→　yú fǎ

② "不"（bù）の声調変化

a. bù ＋ 第1声、第2声、第3声　→　変化なし

bù gāo（不高）　　　bù bái（不白）　　　bù hǎo（不好）

b. bù ＋ 第4声　→　bú

bú qù（不去）

③ "一"（yī）の声調変化

    a. yī：数詞、序数、語の末尾のときは、第1声のまま。

        yī（一）   shíyī（十一）   yīyuè（一月）   tǒngyī（统一）

    b. yì：第1声、第2声、第3声の前では、第4声に変わる。

        yìxiē（一些）   yìzhí（一直）   yì běn（一本）

    c. yí：第4声の前では、第2声に変わる。

        yígòng（一共）   yí jiàn（一件）

8. r化

音節末で舌を巻き上げて、韻母erのような音を付加することを「r化」と呼ぶ。

    花儿 huār   有事儿 yǒu shìr   唱歌儿 chàng gēr

① 以下の韻母がr化すると、単にr音が付け加えられるだけでなく、韻母の音色にも変化が生じる。

    a. 「i」「n」で終わる韻母は「i」「n」を発音せずに舌を巻き上げる。

        盖儿 gàir   玩儿 wánr

    b. 「ng」で終わる韻母は「ng」を発音せずに舌を巻き上げながら、音を鼻に抜く。

        空儿 kòngr

    c. 「ian(yan)」の「a」は、r化すると「エ」ではなく「ア」となる。

        一点儿 yìdiǎnr

② r化することによって、語の意味が変わることがある。

    盖 gài   ふたをする   盖儿 gàir   ふた

    画 huà   （絵を）描く   画儿 huàr   絵

    这 zhè   これ   这儿 zhèr   ここ

    头 tóu   頭   头儿 tóur   親分、頭目

第1課

1 人称代名詞

数＼人称	一人称	二人称	三人称
単数	我	你 您	他 / 她 / 它
複数	我们 咱们	你们	他们 / 她们 / 它们

● 一人称複数の "咱们" は聞き手と話し手の双方を含む。南方では "咱们" を使わず、聞き手を含む・含まないにかかわらず "我们" と言う。北方でもフォーマルな場面では "咱们" は使わない。

● 二人称単数の "您" は特に敬意を表したいときやフォーマルな場面で用いる。南方では "您" はあまり使わない。

● 三人称の "他" "她" "它" は同じ発音だが、書きことばにおいて、男性を "他"、女性を "她"、動物やモノを "它" と書き分ける。複数では、男性だけの場合と男女混合の場合は "他们"、女性だけのときは "她们"、動物やモノは "它们" と書く。

2 動詞述語文

● 中国語の基本語順は「主語＋述語＋目的語」。

● 中国語の基本的な情報伝達構造では、主語の位置に了解事項（旧情報）が置かれ、述語より後ろに伝えたいこと（新情報）が置かれる。

● 否定辞は述語の前に置く。

● "不" の変調："不 bù" 後ろに第4声がくる場合、第2声に変化。不 bù ＋去 qù → bú qù
　　　　　　　後ろに第1声、第2声、第3声がくる場合、変化なし。

(1) 我们学习汉语。
(2) 他喜欢英语。
(3) 我姓中山 (Zhōngshān)，叫中山学 (Xué)。
(4) 我不去图书馆。

3 動詞 "是" を述語とする文

● 否定には必ず "不" を使う。

(1) 我们**是**学生。

(2) 他们**是**日本人。

(3) 我**不是**老师。

(4) 她**不是**中国人。

4 諾否疑問文

● 文末に "吗" を置く疑問文。

(1) A：他是老师**吗**?

B：他不是老师，他是学生。

(2) A：你是法国人**吗**?

B：我不是法国人，我是德国人。

(3) A：你们学习英语**吗**?

B：我们不学习英语。

(4) A：你喜欢妹妹**吗**?

B：我喜欢妹妹。

第 **1** 課

練習問題

一、日本語の意味に従って次の文を完成させた後、否定文にしなさい。

[否定文]

(1) （　　　　　）是留学生。（わたしは留学生です。）　　　→

(2) 他（　　　　　）德国人。（彼はドイツ人です。）　　　→

(3) 她（　　　　　）法语。（彼女はフランス語が好きです。）→

(4) （　　　　　）学习日语。（彼らは日本語を勉強します。）　→

二、日本語の意味に従って次の文を完成させた後、諾否疑問文にしなさい。

[諾否疑問文]

(1) 她是（　　　　　）。　　　（彼女は教員です。）　　　　→

(2) 我是（　　　　　）。　　　（わたしは日本人です。）　　　→

(3) 我们（　　　　　）德语。（私たちはドイツ語を勉強します。）→

(4) 他们（　　　　　）食堂。（彼らは食堂に行きます。）　　　→

三、次の文を中国語に訳しなさい。

(1) あなたは大学生ですか。

(2) 私は中山学といいます。

(3) 彼は中国人ではなく、フランス人です。

(4) 弟が好きですか。

(5) 彼女はドイツ人で、ユリア（朱莉亚 Zhūlìyà）といいます。

(6) 彼は教員ではなく、大学生です。

(7) 彼女は教室に行き、私は図書館に行きます。

(8) 私は中国語を勉強していて、彼は英語を勉強しています。

不 bù［否定辞］～ない

大学生 dàxuéshēng 大学生

德国 Déguó ドイツ

德语 Déyǔ ドイツ語

弟弟 dìdi 弟

法国 Fǎguó フランス

法语 Fǎyǔ フランス語

汉语 Hànyǔ 中国語（漢民族の言語という意味）

叫 jiào ～という名前である

教室 jiàoshì 教室

老师 lǎoshī 教師、教員、先生

留学生 liúxuéshēng 留学生

吗 ma［疑問の助詞］～か？

妹妹 mèimei 妹

你 nǐ あなた、きみ

你们 nǐmen あなたたち、きみたち

您 nín あなた（敬称）

去 qù （目的地に）行く

人 rén 人

日本 Rìběn 日本

日语 Rìyǔ 日本語

食堂 shítáng 食堂

是 shì ～である、～だ

他 tā 彼

她 tā 彼女

它 tā それ

他们 tāmen 彼ら

她们 tāmen 彼女たち

它们 tāmen それら

图书馆 túshūguǎn 図書館

我 wǒ わたし

我们 wǒmen わたしたち

喜欢 xǐhuan 好む、好きだ

姓 xìng ～という苗字である

学生 xuésheng, xuéshēng 学生、生徒、児童

学习 xuéxí 学ぶ、学習する

英语 Yīngyǔ 英語

咱们 zánmen わたしたち

中国 Zhōngguó 中国

1 　動詞 "有" を述語とする文

● 否定には必ず "没" を使う。

(1) 我**有**姐姐，**没有**妹妹。

(2) 你**有**时间吗?

(3) 她**有**面包吗?

(4) 他**没有**电脑，我**有**电脑。

2 　反復疑問文

● 述語の肯定形と否定形を並べることによって疑問文を作る。文末に "吗" は置かない。

(1) A：他**是不是**老师?

　　B：他不是老师，他是医生。

(2) A：她**有没有**工作?

　　B：她有工作。

(3) A：你**喝不喝**咖啡?

　　B：我不喝咖啡，我喝红茶。

(4) A：你们**去不去**食堂?

　　B：我们去食堂。

× 他是不是老师吗?

× 他也是不是老师?

◆ 副詞 "也" "都"

● 副詞は原則として主語の後ろ、述語の前に置く。
 反復疑問文には使えないので、質問するときには諾否疑問文（"吗" を使った疑問文）にする。

● "也" "都" を同時に使う場合には、"也都" という語順になる。例（8）の "不都" は部分否定。

(1) 我有哥哥，**也**有妹妹。
(2) 爸爸有汽车，哥哥**也**有汽车。
(3) 我喜欢妈妈，妹妹**也**喜欢妈妈，我们**都**喜欢妈妈。
(4) 我吃面包，你**也**吃面包吗?
(5) 你们**都**去学校吗?
(6)（你们是留学生，）他们**也都**是留学生吗?
(7) 我不是日本人。她**也**不是日本人。
  我们**都不**是日本人。他们**也都不**是日本人。
(8) 我们**不都**是留学生，他们**也不都**是留学生。

◆ 親族名称

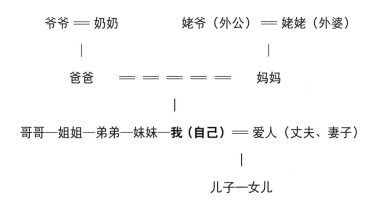

爷爷 ═ 奶奶　　　姥爷（外公）═ 姥姥（外婆）
　　　│　　　　　　　　　　│
　　爸爸 ═ ═ ═ ═ ═ 妈妈
　　　　　　　│
哥哥—姐姐—弟弟—妹妹—**我（自己）** ═ 爱人（丈夫、妻子）
　　　　　　　│
　　　儿子—女儿

15

練習問題

一、指示に従って次の文を書き換えなさい。

(1) 我有弟弟。　　（否定文に）　　　　　　　→

(2) 她有工作。　　（否定文に）　　　　　　　→

(3) 他们有汽车。　（"也" と "都" を適切な位置に入れる）→

(4) 我们是医生。　（"都" を適切な位置に入れる）　→

(5) 他也是留学生。（"不" を適切な位置に入れる）　→

二、日本語の意味に従って次の文を完成させた後、反復疑問文にしなさい。

[反復疑問文]

(1) 你（　　　　　）面条吗?（うどんを食べますか。）　→

(2) （　　　　　）是英国人。（祖父はイギリス人です。）　→

(3) 奶奶（　　　　　）时间。（祖母は時間がありません。）→

(4) 我喜欢（　　　　　）。　（わたしは中国語が好きです。）→

(5) 我（　　　　　）食堂。　（わたしは食堂に行きません。）→

三、次の文を中国語に訳しなさい。

(1) 私には姉がいません。

(2) 彼もパソコンを持っています。

(3) 彼女はアメリカ人です。彼はフランス人です。彼らは二人とも日本人ではありません。

(4) 私は紅茶を飲みます。彼らはみなコーヒーを飲みます。

(5) 私は母方のおばあさんが好きです。父方のおばあさんも好きです。

爱人 àiren 夫、妻、配偶者

爸爸 bàba 父、お父さん

吃 chī 食べる、（薬を）飲む

电脑 diànnǎo コンピュータ

都 dōu 両方とも、すべて、みんな

儿子 érzi 息子

哥哥 gēge 兄、お兄さん

工作 gōngzuò 仕事（をする）

喝 hē 飲む

红茶 hóngchá 紅茶

姐姐 jiějie 姉、お姉さん

咖啡 kāfēi コーヒー

姥姥 lǎolao（母方の）おばあさん、外祖母

姥爷 lǎoye（母方の）おじいさん、外祖父

妈妈 māma 母、お母さん

没 méi［否定辞］〜ない

美国 Měiguó アメリカ

面包 miànbāo パン

面条 miàntiáo めん類、うどん

奶奶 nǎinai（父方の）おばあさん、祖母

女儿 nǚ'ér 娘

朋友 péngyou 友人、友達

汽车 qìchē 自動車

妻子 qīzi 妻

时间 shíjiān 時間、ひま

外公 wàigōng（母方の）おじいさん、外祖父

外婆 wàipó（母方の）おばあさん、外祖母

学校 xuéxiào 学校

爷爷 yéye（父方の）おじいさん、祖父

也 yě 〜も、また

医生 yīshēng 医師、医者、先生

英国 Yīngguó イギリス

有 yǒu ある、いる、持っている

丈夫 zhàngfu 夫

自己 zìjǐ 自分（で）、自身（で）

1 連体修飾語（定語）と助詞 "的"

● 中国語の修飾構造は「修飾語＋被修飾語」の順。

● 名詞を修飾するときには、原則として修飾語と被修飾語の間に "的" を置く。

　　他的伞　　　爸爸的手机　　　图书馆的杂志　　　漂亮的毛衣

● ただし、① 人称代名詞が親族名称や所属組織を修飾するとき普通は "的" を使わない。

　　　　　我奶奶　　　我（们）家　　　他们班　　　我们公司

　　　　② 一音節（＝一字）の常用される形容詞が修飾語となるときには "的" は置かない。

　　　　　新词典　　　新手机　　　好学生　　　好朋友

　　　　③ 国名・言語名が修飾語となるときには "的" は置かない。

　　　　　中国朋友　　　韩国留学生　　　英语老师　　　法语书

2 数量表現

● 中国語にも日本語の「〜人」「〜個」のように数を数える語が存在し、品詞としては量詞と呼ばれる。ある名詞の数を言うときの語順は、「数詞＋量詞＋名詞」となる。

● "二" と "两"：中国語では「2」という数を表すのに、二種類の語が存在する。原則として、順序を言うときには "二" を使い、数量を表すときには "两" を用いる。

● "一" の変調：「1」という数字を表す "一" は順序を言うときには第1声で発音するが、数量を表すときには "不" と同じように変調する。

(1) 四位老师 / 客人
(2) 三个人 / 学生 / 妹妹 / 苹果
(3) 六口人
(4) 二十本书 / 词典 / 杂志
(5) 一把伞 / 椅子
(6) 两件毛衣 / 衬衫 / 礼物
(7) 她有一本法语词典。
(8) 我姐姐有一件漂亮的毛衣。
✕ 我没有一本书。
✕ 他没有一个姐姐。

3 疑問詞疑問文

● 疑問詞が使われている疑問文は「疑問詞疑問文」という。平叙文の尋ねたいところを疑問詞に置き換えるだけで、語順は変えない。文末に "吗" を置くこともしない。

● 数量を尋ねる疑問詞には "几" と "多少" があるが、文法的・意味的に次のような違いがある。

語＼基準	文法	意味
"几"	必ず量詞を伴う	概ね10以下
"多少"	量詞の使用は任意	制限なし

什么　　　谁　　　哪（＋量詞）　　　哪儿　　　几（＋量詞）　　　多少

(1) A：你叫**什么**名字？
　　 B：我叫<u>王华</u>（Wáng Huá）。

(2) A：你吃**什么**？
　　 B：我吃<u>苹果</u>。

(3) A：**谁**是你们的汉语老师？
　　 B：<u>王老师</u>是我们的汉语老师。

(4) A：你是**哪**国人？
　　 B：我是<u>英国</u>人。

(5) A：**哪**个同学是你的好朋友？
　　 B：<u>王华</u>是我的好朋友。

(6) A：你去**哪儿**？
　　 B：我去<u>京都</u>。

(7) A：你家有**几**口人？
　　 B：我家有<u>五</u>口人。

(8) A：你们班有**多少**（个）学生？
　　 B：我们班有<u>十五个</u>学生。

◆ 100 までの数の数え方

● 中国語の数の数え方は日本語同様に10進法で、99までは数字の読み方を覚えさえすれば日本語と同じ。100は "百" ではなく "一百" となる。

零	一	二	三	四	五	六	七	八	九	十
líng	yī	èr	sān	sì	wǔ	liù	qī	bā	jiǔ	shí

1　　2　　3　　4　　5　　6　　7　　8　　9　　10
11　　12 … 23 … 34 … 45 … 56 … 67 … 78 … 89 … 100

練習問題

一、カッコ内に適切な量詞を入れなさい。

(1) 三（　　　　）老师　　　　(2) 五（　　　　）伞

(3) 两（　　　　）书　　　　　(4) 六（　　　　）苹果

(5) 一（　　　　）毛衣　　　　(6) 四（　　　　）词典

(7) 十（　　　　）椅子　　　　(8) 两（　　　　）礼物

二、下線部分を問う疑問詞疑問文にしなさい。

(1) 我叫中山学。　　　　　→

(2) 她是中国人。　　　　　→

(3) 他们学习汉语。　　　　→

(4) 我去食堂。　　　　　　→

(5) 我妹妹有一件白色的毛衣。　→

(6) 他们班有12个学生。　　→

三、次の文を中国語に訳しなさい。

(1) あなたには親友はいますか。

(2) 私には中国人の友人が2人います。

(3) 彼の家は何人家族ですか。

(4) A：あなたたちの学校には何人の留学生がいますか。
　　 B：私たちの学校には100人の留学生がいます。

(5) どの先生があなたたちの英語の先生ですか。

把 bǎ［量詞］傘や椅子などを数える

白色 báisè 白、白色

百 bǎi 百の位を表す

班 bān クラス、組

本 běn［量詞］本、雑誌などを数える

衬衫 chènshān シャツ、ブラウス

词典 cídiǎn 辞書

的 de［助詞］〜の

多少 duōshao いくつ、どれだけ

个 ge［量詞］もっとも汎用性が高い。〜個、〜人

公司 gōngsī 会社

韩国 Hánguó 韓国

好 hǎo 良い

几 jǐ いくつ

家 jiā 家庭、家

件 jiàn［量詞］服、物事、プレゼントなどを数える。

京都 Jīngdū 京都

客人 kèrén 客

口 kǒu［量詞］家族の人数を数える

礼物 lǐwù プレゼント、おみやげ

两 liǎng（数量としての）2

零 líng ゼロ

毛衣 máoyī セーター

名字 míngzi ファーストネーム、フルネーム

哪 nǎ どの

哪国人 nǎ guó rén どこの国の人

哪儿 nǎr どこ

苹果 píngguǒ リンゴ

伞 sǎn 傘

谁 shéi, shuí だれ

什么 shénme なに、何の、どんな

手机 shǒujī 携帯電話

书 shū 本

同学 tóngxué 同級生、同じ授業に出席したことがある人

位 wèi［量詞］人を数える丁寧な言い方

新 xīn 新しい

椅子 yǐzi 椅子

杂志 zázhì 雑誌

第3課

第 **4** 課

1 形容詞述語文

● 中国語の形容詞はそのまま述語になれる。英語ではbe動詞が必要だが、中国語では"是"は必要ない。

● 否定文は形容詞の前に"不"を置く。

● 疑問文は動詞述語文同様、文末に"吗"を置いても（諾否疑問文）、述語形容詞の肯定形と否定形を並べても（反復疑問文）どちらでも良い。反復疑問文は副詞を伴うことができないので、"很"などの程度副詞を入れたければ諾否疑問文にする。

● 中国語の形容詞はもともと「別のものとの対比」の意味を含んでいる。対比の意味を消すためには、前に程度副詞"很"を置く。この"很"はそれほど意味が強くないので、程度を強調したい場合には別の程度副詞を置く。

(1) A：他女朋友漂亮吗?
   B：他女朋友**很**漂亮。
(2) A：汉语难不难?
   B：汉语**不太**难。
(3) 我们老师**非常**忙。
(4) 他的手机贵，我的手机不贵。

◆ 常用する形容詞

大——小	多——少	远——近	快——慢	高——矮（低）
长——短	热——冷	胖——瘦	贵——便宜	难——容易

2 指示代名詞

種類 対象	近称	遠称	疑問
事物・生物	这（个）	那（个）	哪（个）
場所	这里 / 这儿	那里 / 那儿	哪里 / 哪儿

● 中国語では、話者の主観に基づいて、自身から近いものを"这"、遠いものを"那"で示す。【日本語ではどうか考えてみよう】

事物・生物

● "个"は量詞。量詞を伴わない形は、"这是～（これは～です)""那是～（あれは～です)"という組み合わせでしか使わない。ただし、この場合も量詞をつけても良い。

22

● "这" と "那" は量詞を伴った形で名詞の前に置かれると、「この〜」「あの〜」という意味になる。目的語となるときには必ず量詞を伴う。

● 疑問を表す「哪（どれ、どの)」はふつう量詞を伴った形で用いられる。

(1) A：**这**是谁的汉语书?　　　(2) A：你要**哪个**苹果?
　　 B：**那**是我的汉语书。　　　　　 B：我要**这个**。

場所

● "这" と "那" の後ろに "里" のついた形と "儿" のついた形があるが、意味は同じ。"里" は通常軽声で発音するが、ゆっくり読むときは原調の3声になる。"里" を軽声で発音しても "哪" は2声に変調させて読む。つまりnǎliの実際の発音はnáli。

(1) A：你们去**哪里**?　　　　　 (2) A：请问，学生食堂在**哪儿**?
　　 B：我们去自习室。　　　　　　 B：(学生食堂) 在**那儿**。

3　動詞 "有" と "在"

● 中国語の基本的な情報伝達構造では、主語の部分に了解事項（旧情報）、述語より後ろの部分に伝えたいこと（新情報）を置く。

● 動詞 "有" を使った文の構造　場所（人も含む）＋ "有" ＋モノ・人等
相手が知っている場所にどんなモノがある／人がいるということを伝える文。主語が人の場合には所有を表す文になる。

● 動詞 "在" を用いた文の構造　モノ・人等＋ "在" ＋場所
相手が知っているモノや人がどこにある／いるということを伝える文。

● 地名や場所を表す名詞以外の名詞が「場所」の位置に置かれる場合には、後ろに "上" "里" をつけて「場所化」する必要がある。"上" は「表面、うえ」、"里" は「内側、なか」を表す。

(1) 桌子上有一本杂志。
(2) 那本杂志在桌子上。
(3) 你的房间里有没有空调?
(4) 王华在不在京都?

4　語気助詞 "吧" ①

● 文末に置いて「提案・勧誘」「同意」等の意味を表す。

(1) A：咱们去图书馆**吧**。
　　 B：好**吧**。
(2) 我们吃饭**吧**。

一、日本語の意味に従って次の文を完成させた後、指示に従って書き換えなさい。

(1) 这个苹果很（　　　　）。（このリンゴはおいしいです。）（否定文に）
　　→

(2) 英语非常（　　　　）。（英語は非常に簡単です。）（述語形容詞を反対の意味のものに）
　　→

(3) （　　　　）有一把椅子。（あそこに椅子があります。）（否定文に）
　　→

(4) 他（　　　　）自习室。（彼は自習室にいます。）（否定文に）
　　→

(5) 她（　　　　）三个哥哥。（彼女には三人のお兄さんがいます。）（下線部を尋ねる疑問文に）
　　→

(6) 我（　　　　）这本词典。（私はこの辞書がほしいです。）（下線部を尋ねる疑問文に）
　　→

二、指示に従って、次の文を中国語に訳しなさい。

(1) すみません、図書館はどこですか。

(2) 王先生は教室にいます。

(3) 学生食堂にはエアコンがありません。

(4) フランス語は難しいですか。（反復疑問文で）

(5) この携帯電話はあまり高くありません。

(6) 私には姉はいません。妹が二人います。

(7) 彼らの学校はとても綺麗です。

(8) 私たちはパンを食べましょう。

三、例にならってカッコ内に語句を補って作文しなさい。

　　　　例：桌子上（　　　　有一本书　　　　）。

(1) 中山老师（　　　　　　　　　　　）。

(2) 这是（　　　　　　　　　　　　）。

(3) 咖啡（　　　　　　　　　　　　）。

(4) 自习室里（　　　　　　　　　　）。

(5) 他的日语书（　　　　　　　　　）。

(6) 那儿（　　　　　　　　　　　　）。

矮 ǎi（身長などが）低い

吧 ba ～しよう

不太 bú tài あまり～でない（部分否定）

长 cháng 長い

大 dà 大きい、（部屋が）ひろい

低 dī（声・水準などが）低い

短 duǎn 短い

多 duō 多い

房间 fángjiān 部屋

非常 fēicháng 非常に、たいへん

高 gāo（身長・声・水準などが）高い

贵 guì 値段が高い

好吃 hǎochī おいしい、うまい

很 hěn とても

近 jìn 近い

空调 kōngtiáo エアコン

快 kuài（速度が）速い

冷 lěng 寒い、冷たい

里 li ～の中

慢 màn（速度が）遅い

忙 máng 忙しい

哪里 / 哪儿 nǎlǐ, nǎli / nǎr どこ

那（个）nà（ge）あれ、あの

那里 / 那儿 nàlǐ, nàli / nàr あそこ

难 nán 難しい

女朋友 nǚ péngyou 彼女、ガールフレンド

胖 pàng 太っている

便宜 piányi 値段が安い

漂亮 piàoliang 綺麗な、美しい

请问 qǐng wèn お尋ねします、すみません

热 rè 熱い、暑い

容易 róngyì 簡単な、やさしい

上 shang ～の上、～の表面

少 shǎo 少ない

瘦 shòu 痩せている

小 xiǎo 小さい、（部屋が）狭い

要 yào 欲しい、必要だ

远 yuǎn 遠い

在 zài（場所に）ある、いる

这（个）zhè（ge）これ、この

这里 / 这儿 zhèlǐ, zhèli / zhèr ここ

桌子 zhuōzi 机、テーブル

自习室 zìxíshì 自習室

第4課

◆ 年月日、曜日、時刻の表現

● 西暦は粒読みする。月日の表現方法は日本語と同じ、中国語の漢字音で読めば良い。日にちについては、"〜日" のほか、特に話しことばでは "〜号" がよく使われる。

● 月曜日から土曜日までは "星期" の後ろに一から六の数字をつけて示す。日曜日は "星期日" または "星期天" という。話しことばでは "星期天" の方が常用される。"星期" は "礼拝" に代えることもできる。

● 時間の表し方も基本的に日本語と同じ。日本語の「〜時」は中国語では "〜点" になる。15分は "一刻"、30分は "〜半"、45分は "三刻" とも言う。日本語の「〜時…分前」は中国語では "差…分〜点" という語順になる。

● 二時には "两点" と "两" を使うが、二分（時刻）は "二分" と言う。ちなみに "两分（钟）" は「2分間」の意。

1993年	2008年	2016年	2021年	哪（一）年

1月	2月	3月	4月	5月	6月
7月	8月	9月	10月	11月	12月	几月

1日（1号）	2日（2号） ……	31日（31号）	几日 / 几号

星期一	星期二	星期三	星期四	星期五	星期六	星期日 / 星期天	星期几
礼拝一	礼拝二	礼拝三	礼拝四	礼拝五	礼拝六	礼拝日 / 礼拝天	礼拝几

2020年4月26日 星期日

2:00	6:05	7:10	8:15	9:30	10:45	11:55
两点	六点（零）五分	七点十分	八点一刻	九点半	十点三刻	差五分十二点

早上	上午	中午	下午	晚上	几点几分	什么时候

1 名詞述語文

● 数字が関係した慣用的な表現【年月日、時刻、年齢、身長、学年等】では、名詞がそのまま述語となる。ただし否定文では "不是" が必要。

(1) A：今天几月几号?
    B：今天6月27号。

(2) A：昨天星期几?
    B：昨天星期六。

(3) A：现在几点?
    B：现在差5分9点。

(4) A：你今年几年级?
    B：我今年一年级。

(5) 我今年20岁，不是19岁。

2 連用修飾語（状語）

● 時間表現が連用修飾語になる場合

(1) 我们**9点**上课，**10点半**下课。

(2) **星期天**你们休息吗?

(3) 他**每天早上都六点**起床。

(4) **5月3日**我们**也都**去京都。

● 場所を示すフレーズが連用修飾語になる場合

(1) 明天我<u>在家</u>休息。

(2) 中午你<u>在哪儿</u>吃午饭?

(3) 你也<u>在便利店</u>打工吗?

(4) 星期一上午我们<u>在教室</u>上课。

◆ 動詞の "在" と前置詞の "在"

● "在＋場所＋動詞" という構造において、"在" は「（場所）で」という意味を示す。このときの "在" の品詞は前置詞（介詞）であって、動詞ではない。

● "在＋場所" という場所を示すフレーズは、上述のとおり連用修飾語として動詞の前に置かれる。

(1) 我家<u>在</u>大阪。 （動詞）

(2) 你<u>在</u>哪里? （動詞）

(3) 晚上我<u>在宿舍</u>看书。 （前置詞）

(4) A：他<u>在哪里</u>学习? （前置詞）

B：他<u>在美国</u>学习。 （前置詞）

練習問題

一、カッコ内に適切な疑問詞を入れなさい。

(1) 你明天（　　　　　　　）点起床?

(2) 教室在（　　　　　　）?

(3) （　　　　　　　）教你们汉语?

(4) （　　　　　　　）个同学是中山学?

(5) 你们学校有（　　　　　　　）学生?

(6) 今天（　　　　　）月（　　　　　　　）号?

二、次の文を中国語に訳しなさい。

(1) 今日は何曜日ですか。

(2) 私は毎日6時半に朝ごはんを食べます。

(3) 彼は木曜日の午後にコンビニでアルバイトをします。

(4) 明日は5月何日ですか。

(5) いまは2時5分前です。

(6) 父は土曜日は（仕事が）休みです。

(7) 日曜日彼女は寮で中国語の本を読みます。

(8) 金曜日に私たちは大阪へ行きましょう。

三、次の文のカッコ内に語句を補って作文しなさい。

(1) 她今天（　　　　　　　　　　　　）。

(2) 王老师明天（　　　　　　　　　　　　）。

(3) 我哥哥在家（　　　　　　　　　　　　）。

(4) 今年（　　　　　　　　　　　　）。

(5) 我们中午（　　　　　　　　　　　　）。

(6) 她在哪儿（　　　　　　　　　　　　）?

(7) 现在（　　　　　　　　　　　　）。

(8) 星期六晚上（　　　　　　　　　　　　）。

（～点）半 bàn（～時）30分、（～時）半、半分

便利店 biànlìdiàn コンビニエンスストア

差 chà（～分）前

打工 dǎ gōng アルバイトをする

大阪 Dàbǎn 大阪

点 diǎn ～時

点钟 diǎn zhōng ～時ちょうど

分 fēn ～分

号 hào ～日

今年 jīnnián 今年

今天 jīntiān 今日

看 kàn 見る、黙読する

刻 kè 15分

礼拜 lǐbài ～曜日

零 líng ゼロ

每天 měitiān 每日

明天 míngtiān 明日

年 nián ～年

年级 niánjí ～年生

起床 qǐ chuáng 起きる、起床する

日 rì ～日

上课 shàng kè 授業に出る、授業が始まる
授業を始める、授業をする

上午 shàngwǔ 午前、午前中

什么时候 shénme shíhou いつ

宿舍 sùshè 寮、宿舎

岁 suì ～歳

晚上 wǎnshang 夜、晩

午饭 wǔfàn 昼食

下课 xià kè 授業が終わる、授業を終える

下午 xiàwǔ 午後

现在 xiànzài いま、現在

星期 xīngqī ～曜日

星期二 xīngqī'èr 火曜日

星期六 xīngqīliù 土曜日

星期日 xīngqīrì 日曜日

星期三 xīngqīsān 水曜日

星期四 xīngqīsì 木曜日

星期天 xīngqītiān 日曜日

星期五 xīngqīwǔ 金曜日

星期一 xīngqīyī 月曜日

休息 xiūxi 休憩する、休む、寝る

月 yuè ～月

在 zài（場所）に、で

早饭 zǎofàn 朝食

早上 zǎoshang 朝

中午 zhōngwǔ 正午

昨天 zuótiān 昨日

第 5 課

29

第6課

1　選択疑問文

● "A还是B" という形で「Aですか、それともBですか」と、聞き手に選択させる疑問文になる。Aの部分に含まれている動詞や助動詞は、通常はBの部分でも繰り返す。

● Aの部分の動詞が "是" であるときには、Bの部分では省略する。"还是是～" とはしない。

● 文末に "吗" は置かない。

(1)　A：你吃面包，**还是**吃米饭？　　(2)　A：你喜欢吃葡萄，**还是**喜欢吃香蕉?
　　　B：我吃米饭。　　　　　　　　　　　B：我都喜欢。

(3)　A：你是美国人，**还是**英国人？　(4)　A：今天（是）星期二，**还是**星期三?
　　　B：都不是，我是法国人。　　　　　B：今天星期二。

◆　"喜欢＋V（＋N)" と "喜欢＋N"

● 日本語では「映画が好き」といえば、通常は「映画を見るのが好き」と解釈されるため、特に「見る」という動詞を入れる必要はない。中国語はこのような文でも動詞「見る」を加えて "喜欢看电影" のように言うのが普通なので注意が必要である。"喜欢" の後ろに動詞を置かずに直接名詞を続けることもできるが、その場合には映画を「見る」のが好きか、「演じる」のが好きか、それとも「撮影する」のを好むのかはわからない。総体的に映画が好き、というニュアンスになる。

　　喜欢吃鱼　　　　喜欢旅游　　　　喜欢唱歌　　　　喜欢跳舞

　　喜欢看电影　　　喜欢听音乐　　　喜欢踢足球　　　喜欢打篮球

　　喜欢足球　　　　喜欢法国　　　　喜欢白色汽车　　喜欢春天

2　名詞化のはたらきをする助詞 "的"

● "的" はさまざまな語句の後ろに置かれ、日本語の「～の」「～のもの」にほぼ相当する意味を表す。

(1)　我**的**自行车很新，哥哥**的**很旧。　　　［名詞］

(2)　这支笔是我**的**，那支是你**的**。　　　　［人称代名詞］

(3)　你要红**的**，还是要白**的**?　　　　　　［形容詞］

(4)　吃**的**、穿**的**、用**的**都有。　　　　　［動詞］

30

◆ お金の単位

● 金額を表す単位は3段階。値札等に使う書きことばと話しことばの2系列の言い方がある。

● 最も小さい単位「分」には書きことばと話しことばの違いはない。「分」は現在、為替以外ではほとんど使われていない。

● 日本語で言うときには、書きことばの系列を日本漢字音で読む。

● 1元（块）＝10角（毛）　　　1角（毛）＝10分

書きことば	元（げん）	角（かく）	分（ぶ）
話しことば	块	毛	

670.20元（六百七十块零两毛）　　100元（一百块）　　　8.88元（八块八毛八（分））

(1) A：西瓜多少钱一斤?　　　　(2) A：请问，杂志多少钱一本?
　　B：西瓜4块钱一斤。　　　　　　B：660日元一本。

(3) A：这条裤子多少钱?　　　　(4) A：一共多少钱?
　　B：那条裤子198块。　　　　　　B：一共283块5（毛）。

3 二重目的語文

● 中国語の他動詞は一般的に目的語をひとつしかとれない。しかし、以下の例文にあるような「モノや情報の受け渡し」を表す動詞は「誰々に」「何々を」と目的語をふたつとることができる。

● 動詞の後ろの語順は、「間接目的語（誰々に）＋直接目的語（何々を）」となる。

(1) 王老师教我们汉语。
(2) 你给我100块，我找你20块。
(3)（你）借我一支笔。
(4) 他送我一件礼物。
(5) 我告诉你们一个好消息。

練習問題

一、次の日本語を中国語に訳しなさい。

(1) 好き → サッカーが好き → サッカー観戦が好き → サッカーをするのが好き

(2) 自転車 → 私の自転車 → 新しい自転車 → 私の新しい自転車

(3) 一つのプレゼント → 母は私にくれる → 母は私にプレゼントをくれる

二、次の文を中国語に訳しなさい。

(1) A：あなたは中国人ですか、それとも日本人ですか。
　　B：どちらでもありません。私は韓国人です。

(2) このフランス語の本は私のではありません。彼のです。

(3) りんごは一斤いくらですか。

(4) 私は中国語を勉強するのが好きです。

(5) 中村（Zhōngcūn）先生が私たちに英語を教えます。

(6) お名前を教えて下さい。

(7) コーヒーは一杯21.9元です。

(8) A：この傘はあなたのですか、それとも彼女のですか。
　　B：これは私のです。

三、指示に従って、中国語で作文しなさい。

(1) コーヒーと紅茶どちらが好きなのかを尋ねる。

(2) 100元借してくれるように頼む。

(3) あの雑誌の値段を尋ねる。

(4) バナナ1斤とぶどう2斤合わせた値段を尋ねる。

(5) このズボンに赤い色のものがあるかどうかを尋ねる。

(6) 何年生か尋ねる。

(7) （目の前にある）魚2匹の値段を尋ねる。

(8) 図書館と食堂どちらに行くかを尋ねる。

白 bái 白い

笔 bǐ（総称としての）ペン、筆記具

唱 chàng 歌う

穿 chuān（服、ズボン、靴等を）着る、履く

春天 chūntiān 春

打 dǎ（手を使う球技を）する

电影 diànyǐng 映画

分 fēn［書きことば、話しことば］分
　　　　（貨幣の単位）

告诉 gàosu 伝える、知らせる

歌 gē 歌

给 gěi あげる、もらう

还是 háishi（選択疑問文で）それとも

红 hóng 赤い

教 jiāo 教える

角 jiǎo［書きことば］角（貨幣の単位）

借 jiè（無料で）貸す、借りる

斤 jīn 重さの単位。一斤は500グラム

旧 jiù 古い

裤子 kùzi ズボン

块 kuài［話しことば］元（貨幣の単位）

篮球 lánqiú バスケットボール

旅游 lǚyóu 旅行する

毛 máo［話しことば］角（貨幣の単位）

米饭 mǐfàn ごはん

葡萄 pútao ブドウ

钱 qián お金

日元 Rìyuán（日本）円

送 sòng プレゼントする

踢 tī（サッカーを）する、ける

条 tiáo［量詞］ズボン、魚、犬などを数える

跳 tiào 踊る

听 tīng 聴く

舞 wǔ ダンス、踊り

西瓜 xīguā スイカ

香蕉 xiāngjiāo バナナ

消息 xiāoxi 情報、知らせ、ニュース

一共 yígòng 全部で、あわせて

音乐 yīnyuè 音楽

用 yòng 使う

鱼 yú 魚

元 yuán［書きことば］元（貨幣の単位）

找 zhǎo お釣りを返す

支 zhī［量詞］ペン、鉛筆などを数える

自行车 zìxíngchē 自転車
　　　　（※南方では"脚踏车 jiǎotàchē"
　　　　"单车 dānchē"とも言う）

足球 zúqiú サッカー、サッカーボール

第 **7** 課

1 主述述語文

● 主述述語文とは、文全体の述語が「主語＋述語」という構造になっている文のことである。たとえば、"大象鼻子长 Dàxiàng bízi cháng"（象は鼻が長い）という文では、まず主語 "大象" と述語 "鼻子长" に分けられ、述語部分はさらに主語 "鼻子" と述語 "长" に分析することができる。

● 主述述語文の意味的な特徴としては、文の主語によって存在や事象の全体を提示し、述語部分の主語がその一部分を表していることが挙げられる。

● "大象鼻子长" を例にとると、主語 "大象" でゾウという動物全体を提示し、述語部分の主語 "鼻子" がその一部分を表している。日本語に訳すときには、文全体の主語には助詞「は」が、述語部分の主語には助詞「が」が、それぞれ付けられるのが普通である。

(1) 我妈妈身体很好。
(2) 他工作不太忙。
(3) 我今天头特别疼。
(4) 她男朋友个子很高，也很帅。
(5) A：你们学习紧张不紧张？
　　 B：我们学习很紧张。

2 「疑問副詞 "多" ＋形容詞」による疑問文

● "多" を常用する一音節（＝一字）の形容詞の前に置くと、「どのくらい～」の意味を表す疑問文となる。

● 一音節形容詞はかならずプラス方向のものを使う。たとえば、"高" と "低" であれば、"高" を用いる。

多大　　多高　　多远　　多长　　多重　　多粗　　多厚　　多深

(1) A：你（有）**多高**?
　　 B：我1米70。
(2) A：你（有）**多大**?
　　 B：我18岁。
(3) A：这个厨房（有）**多大**?
　　 B：大概10平方米左右。
(4) A：那条河（有）**多长**?
　　 B：（有）700公里。
(5) A：这件行李（有）**多重**?
　　 B：（有）40多斤。

◆ 概数表現

十点**左右**　　一米六**左右**　　四点**多**　　十**多**岁　　三十**几**岁　　二十**几**斤

◆ 年齢の尋ね方

(1) 你**几岁**?

(2) 你今年**多大**?

(3) 您今年**多大年纪**?

(4) 您**高寿**?

3 "怎么样" を使った疑問文

● "怎么样" は「～はどうですか?」という意味の疑問詞。述語にもなれるし、平叙文の後ろに置くこともできる。文の後ろに置いた場合には勧誘・提案の意味を表す。

(1) A：你最近**怎么样**?

　　 B：我最近工作特别忙。

(2) A：他学习**怎么样**?

　　 B：他学习成绩不太好。

(3) A：那个电影**怎么样**?

　　 B：那个电影很有意思。

(4) A：明天我们一起去，**怎么样**?

　　 B：好啊。

(5) A：你送她一块手表，**怎么样**?

　　 B：她有手表。我还是送她一条裙子吧。

(6) A：星期六我们在宿舍开生日晚会，**怎么样**?

　　 B：不好意思！ 星期六我有事。

一、正しい中国語になるように並べ替えなさい。

(1) 成绩　　好　　他　　汉语　　特别

(2) 几　　西瓜　　二十　　这个　　有　　斤　　大

(3) 不太　　喝　　喜欢　　她　　红茶

(4) 午饭　　我们　　吃　　一起　　怎么样　　星期六

(5) 一起　　怎么样　　我们　　在　　8点多　　宿舍　　学习

(6) 杂志　　多　　那　　本　　厚　　有

二、次の文を中国語に訳しなさい。

(1) A：妹さんは今年いくつですか。　　B：5歳です。

(2) A：お兄さんは背が高いですか。　　B：高いです。180センチくらいあります。

(3) 姉は最近仕事がとても忙しいです。

(4) あなたたちの学校はどれくらい広いですか。

(5) 村上春樹（村上春树 Cūnshàng Chūnshù）の新しい小説はどうですか。

(6) 私は頭が痛いです。

三、指示に従って、中国語で作文しなさい。

(1) 身長を尋ねる。

(2) 日曜日に一緒に大阪に行くことを提案する。

(3) （同年代の人に）年齢を尋ねる。

(4) 勉強が忙しいかどうかを尋ねる。

(5) 私のこの白いセーターが綺麗かどうかを尋ねる。（反復疑問文で）

(6) （友人の）お父さんの最近の体調を尋ねる。

新 出 単 語

啊 a [語気助詞]

不好意思 bù hǎoyìsi 申し訳ない、恥ずかし
い、きまりが悪い

成绩 chéngjì 成績

厨房 chúfáng 厨房、台所、キッチン

粗 cū 太い

大概 dàgài おおよそ、だいたい

多 duō どれぐらい

～多 duō ～あまり

高寿 gāoshòu 老人に年齢を尋ねるときの丁
寧な言い方

个子 gèzi 背丈、体つき

公分 gōngfēn センチメートル

公里 gōnglǐ キロメートル

河 hé 川

厚 hòu 厚い

紧张 jǐnzhāng 忙しい、余裕がない、緊張して
いる

开 kāi (パーティーなどを) 開催する

块 kuài [量詞] 腕時計などを数える

米 mǐ メートル

男朋友 nán péngyou 彼氏、ボーイフレンド

年纪 niánjì 年齢

平方米 píngfāngmǐ 平方メートル

裙子 qúnzi スカート

深 shēn 深い

身体 shēntǐ からだ

生日 shēngrì 誕生日

手表 shǒubiǎo 腕時計

帅 shuài ハンサムな、スマートな、垢抜けて
いる

特别 tèbié 特に、とりわけ

疼 téng 痛い

头 tóu 頭

晚会 wǎnhuì (夜の) パーティー

小说 xiǎoshuō 小説

行李 xíngli (旅行用の) 荷物

一起 yìqǐ 一緒に

有事 yǒu shì 用事がある

有意思 yǒu yìsi 興味深い、おもしろい

怎么样 zěnmeyàng どのようであるか

重 zhòng 重い

最近 zuìjìn 最近、近いうち (日本語と異なり、
近い未来についても表現できる)

～左右 zuǒyòu ～ぐらい

第 **7** 課

第**8**課

1 動作の進行

● 中国語文法では「ピアノを弾いている」のように、ある動作を連続して行っていることを「進行」と言い、「窓が<u>開いている</u>」のように、ある一回性の動作を行った結果が続いていること（窓を開けるという動作は一回行えば、窓は開いたままになる。窓がこわれていない限り、開けるという動作をしつづける必要はない）を「持続」と呼ぶ。

● 日本語では「弾いている」も「開いている」も同じ「～ている」で表すが、中国語では進行と持続は、原則として異なる表現を使う。

● 中国語の進行は、①動詞の前に "在" を置く、②動詞の前に "正" を置く、③文末に "呢" を置くという方法がある。また、①②③の任意の二つを併用することもでき（"在 V ～呢"、"正 V ～呢"、"正在 V"）、三つすべてを使っても良い（"正在 V ～呢"）。

● "正" には「ちょうど～している」「まさに～している」という含意がある。

● 否定には "没（有）" を用いる。

(1) 我弟弟**正在**写作业。

(2) 我爸爸**在**看电视，妈妈**在**做饭。

(3) 我们**正**聊天儿**呢**。

(4) A：他做什么**呢**?

    B：他**在**听音乐**呢**。

(5) A：你**在**学习吗?

    B：没有，我**在**洗衣服**呢**。

(6) A：你**正在**上课吗?

    B：没有（/ 我**没在**上课），我**在**问老师问题**呢**。

× 我没在听音乐呢。

2 連動文

● 一文の中で二つの動詞（順に V₁、V₂ とする）が使われ、その動詞の間に以下のような関係が存在する場合、その文を「連動文」と呼ぶ。

①目的：V₂ が V₁ の目的になっている。V₁ は "来"、"去" のような移動動詞であることが多い。V₁ の後ろには場所を置くこともできる。

②手段：V₁ が V₂ の手段になっている。

● "不"、"都"、"也" などの副詞は一般に最初の動詞 V₁ の前に置く。

(1) A：你去哪儿?   (2) A：他来日本做什么?

    B：我去图书馆借书。   B：他来日本学习动漫设计。

(3) 我们一起去看熊猫吧。   (4) 我今天**不**去学校上课。

(5) 他们**都**坐地铁来学校。   (6) 我妈妈**也**去超市买东西。

去中国学汉语 / 去美国打篮球 / 坐飞机去北京 / 坐出租车来学校 / 用电脑设计服装

◆ 疑問詞 "怎么" と "为什么"

● 疑問詞 "怎么" には、「理由」を尋ねる用法と「方法」を聞く用法がある。

● "为什么" の "为" は「為」の簡体字で、「なす」という意味の場合には第二声、「～のために」という意味のときには第四声で発音する。"为什么" は「何のために」の意で「理由」を尋ねる疑問詞。

● 理由を尋ねる用法の "怎么" には、「不思議に思う気持ち」「相手を責める意味」が含まれることが多い。"为什么" には、そのような含意はない。

● 「理由」を尋ねる用法の "怎么" と "为什么" は原則として、述語の前に置かれるが、文頭に置くこともある。

(1) 你**怎么**不吃?　　　/ 你**为什么**不吃?

(2) 你**怎么**不写作业?　/ 你**为什么**不写作业?

(3) **怎么**他没有手机?　/ **为什么**他没有手机?

(4) 今天**怎么**这么冷?　/ 今天**为什么**这么冷?

● "怎么" ＋動詞 → 方法を尋ねる。「方法」を訊く用法の "怎么" は文頭ではなく、述語の前に置く。

(5) 你的名字**怎么**读?

(6) 你们**怎么**去大阪?

(7) 这个手机**怎么**用?

(8) 饺子**怎么**做?

◆ 「2」を表す "二" と "两"

● 日本語の数字の「2」は、中国語では "二" または "两" で表される。

● 「順序、順番」には "二" が使われ、「数量」には "两" が用いられる。

● 数字では "千" 以上の桁を表す語（"万" "亿" など）の前の「2」にも "两" が使われる。「百」の前に「2」がくるときには、"二" "两" どちらも用いられる。「十」の前の「2」はかならず "二" であることに注意。

2	12	22	200	2,000	2,200	20,000	22,000	22,222

第二课	二楼	二年级	2:02（两点零二分）	2:20（两点二十）

两节课	两个句子	两只熊猫	两张票	两公斤	两公分

第**8**課

一、正しい中国語になるように並べ替えなさい。

(1) 课　　　正　　　教室　　　上　　　呢　　　他们　　　在

(2) 看　　　我们　　　熊猫　　　去　　　怎么样　　　星期六

(3) 呢　　　在　　　什么　　　你　　　做

(4) 看　　　她　　　在　　　电脑　　　用　　　动漫

(5) 做　　　教　　　她　　　饺子　　　我　　　怎么　　　在

(6) 去　　　一起　　　东西　　　超市　　　吧　　　买　　　我们

(7) 年级　　　我姐姐　　　二　　　现在　　　大学

(8) 他　　　不　　　学校　　　怎么　　　上课　　　最近　　　来

二、次の日本語を中国語に訳しなさい。

(1) 映画　→　映画のチケット　→　二枚の映画のチケット　→
　　二枚の映画のチケットを買いにいく

(2) 英語　→　英語を勉強する　→　アメリカへ英語を勉強しにいく　→
　　飛行機でアメリカへ英語を勉強しにいく

(3) 宿題　→　宿題をする　→　宿題をしている

(4) 問題　→　質問をする　→　ちょうど質問をしているところ

三、指示に従って、中国語で作文しなさい。

(1) 日本へ何を勉強しに来たのかを尋ねる。

(2) 名前の読み方を尋ねる。

(3) 東京へどのように行くのかを尋ねる。

(4) 図書館へ何をしに行くのかを尋ねる。

(5) 宿舎で何をしているのかを尋ねる。

(6) 授業中なのかどうかを尋ねる。

(7) このエアコンはどのように使用するのかを尋ねる。

(8) なぜコーヒーを飲まないのかを尋ねる。

北京 Běijīng 北京

超市 chāoshì スーパーマーケット

出租车 chūzūchē タクシー
（台湾では計程車 jìchéngchē）

第 dì 数詞の前に置いて順序を示す

地铁 dìtiě 地下鉄

电视 diànshì テレビ

东西 dōngxi モノ、品物

动漫 dòngmàn アニメ

读 dú 音読する、学校に通って勉強する

飞机 fēijī 飛行機

服装 fúzhuāng 服装、服飾

公斤 gōngjīn キログラム

饺子 jiǎozi 水餃子

节 jié［量詞］いくつかに区切れるもの（授業のコマ数など）を数える

句子 jùzi 文

课 kè 授業、レッスン

来 lái 来る

聊天儿 liáo tiānr おしゃべりする、雑談する

楼 lóu 〜階、2階立て以上の建物

买 mǎi 買う

呢 ne［語気助詞］

票 piào チケット、切符

千 qiān 千の位を表す

设计 shèjì 設計する、デザインする

万 wàn 万

为什么 wèi shénme なぜ

问 wèn 尋ねる、問う

问题 wèntí 問題、疑問

洗 xǐ 洗う

写 xiě 書く、（宿題を）する

熊猫 xióngmāo パンダ、"猫熊māoxióng" とも

衣服 yīfu 服

在 zài 〜している

怎么 zěnme なぜ、どのように

张 zhāng［量詞］切符、机などを数える

这么 zhème このように、こんな（風）に

正 zhèng ちょうど〜している

正在 zhèngzài ちょうど〜している

只 zhī［量詞］パンダ、ネコなどを数える

坐 zuò 座る、（乗り物に）乗る

做 zuò する、作る

作业 zuòyè 宿題

第 8 課

第9課

1　動詞の重ね型

● 動詞を二つ続ける（中国語文法では「重ねる」と言う）と口調がやわらかくなる。「ちょっと〜する」「〜してみる」という意味を表す。例（5）のように並列して用いると「〜したり、〜したり」するという意味になる。

● 一音節（＝一字）の動詞は、そのまま重ねることもできるし（VV）、間に "一" を置くこともできる（V一V）。VVの場合は後ろの動詞を軽声に読み、V一Vのときは "一" を軽声で発音する。

● 二音節（＝二字）の動詞ABは、ABABになる。間に "一" を入れることはできない。

读（一）读	写（一）写	试（一）试
学习学习	复习复习	运动运动

（1）你**念念**这个句子。

（2）我去**问问**老师。

（3）咱们俩一起**练习练习**发音吧。

（4）咱们**休息休息**吧。

（5）周末我喜欢**听听**音乐、**画画**画儿、**看看**电视新闻。

2　"呢" による省略疑問文

● 質問をするときに、文脈等で聞き手と話し手が了解している部分は、"呢" によって省略することができる。

（1）A：你喝什么?
　　　B：我喝牛奶。你**呢**?
　　　A：我喝水。

（2）A：明天我休息，你**呢**?
　　　B：我不休息。

（3）A：欸，我的眼镜**呢**?
　　　B：你的眼镜在你头上。

（4）A：中山同学**呢**?
　　　B：她在洗手间呢。

（5）A：你妈妈**呢**? 她在发电子邮件吗?
　　　B：不，她在打电话。

3 助動詞"想""要""打算"

● 「～したい」という願望を表すには、助動詞"想"ないし"要"を動詞の前に置く。

● 否定は"想"の場合には前に"不"を置けば良い。"要"の否定形は"不想"となる。ちなみに、"不要"は後ろに何もなければ「必要ない。要らない」という意味になり、後ろに動詞句が置かれた場合には「～するな。～してはいけない」という禁止を表す文になるので注意。

● "要"には「～する必要がある」や「～しなければならない」という意味もあるので、文脈によって見分ける必要がある。この場合、否定形は"不用"（～する必要はない）となる。

● "想"は程度副詞"很""非常"などで修飾することができるが、"要"はできない。

● "打算"は「～するつもりである」「する予定である」の意。

(1) 明天我**想**在家休息，**不想**去打工。

(2) 我**不想**写作业，我**要**画画儿。

(3) 你**想**去哪个大学留学？ / 你**要**去哪个大学留学？

(4) A：我很**想**去爬山，你呢？

　　B：我也**想**去。

(5) A：你**要**听听这首歌吗？

　　B：我不**想**听。

(6) A：老师，我们要复习第8课吗？

　　B：中山同学要复习，你不用复习。

(7) A：暑假我**打算**去上海旅游，你呢？

　　B：我也**要**去上海，我去参加一个重要会议。

◆ **"还是"** と **"或者"**

(1) A：你喝啤酒**还是**喝果汁？

　　B：我喝啤酒。你呢？

(2) A：你到底同意**还是**不同意？

　　B：我不同意。

(3) A：他坐飞机来**还是**坐高铁来？

　　B：他坐飞机来。

(4) 你坐出租车去，**或者**坐公共汽车去，都行。

(5) 星期天我想去打篮球，**或者**踢足球，你去不去？

(6) 我打算去大阪**或者**去京都，你呢？

練習問題

一、次の文を中国語に訳しなさい。

(1) 私は図書館へ本を借りに行きたいです。あなたは？

(2) 今日、私たちは第8課をちょっと復習してみましょう。

(3) Ａ：あなたはビールを飲みたいですか、それともジュースを飲みたいですか。
    Ｂ：私はビールは飲みたくないです。ジュースを飲みます。

(4) 彼は週末に家で音楽を聞いたり、小説を読んだりするのが好きです。

(5) 王先生は明日大阪へ行ってある重要な会議に参加します。

(6) 彼女は夏休みに北京へ旅行に行くつもりです。

(7) 私の携帯電話は？

二、指示に従って、中国語で作文しなさい。

(1) 午後にフランス語の授業があることを話してから、相手はどうかと尋ねる。

(2) 夏休みに中国へ行って中国語を勉強することを話す。

(3) 姉がアメリカへ留学しにいくつもりであることを話す。

(4) 一緒にちょっと中国語の発音の練習をしようと誘う。

(5) この字の発音を教えてくれるように頼む。

(6) 宿舎でちょっと休憩したいと言う。

(7) コーヒーと紅茶、どちらを飲んでも良いと言う。

三、次の文を中国語に訳しなさい。

　私は中山愛と申します。今年20歳で、東山大学の一年生です。私は学校で中国語を勉強しています。中国語の発音はあまり難しくありません。私は中国語の勉強がとても好きです。私は毎朝6時に起きて、朝ごはんを食べて、それから（然后 ránhòu）バスに乗って学校へ授業（を受け）に行きます。

新 出 単 語

不用 bú yòng ～する必要はない

参加 cānjiā 参加する

打算 dǎsuan ～するつもりだ

到底 dàodǐ 一体全体、結局のところ

电话 diànhuà 電話（"打～" 電話をかける）

电子邮件 diànzǐ yóujiàn 電子メール

欸 éi あれ？

发 fā（メールを）送信する

发音 fā yīn 発音（する）

复习 fùxí 復習（する）

高铁 gāotiě 高速鉄道、新幹線

公共汽车 gōnggòng qìchē 路線バス

果汁 guǒzhī（果物の）ジュース

画 huà（絵や図を）描く

画儿 huàr 絵、絵画

会议 huìyì 会議

或者 huòzhě あるいは

俩 liǎ（複数形の人称代名詞の後ろに置いて）
二人

练习 liànxí 練習（する）、練習問題

留学 liú xué 留学（する）

念 niàn 音読する、学校に通って勉強する

爬山 pá shān 山に登る、登山

啤酒 píjiǔ ビール

然后 ránhòu それから、そのあと

试 shì 試す

首 shǒu ［量詞］楽曲、詩を数える

暑假 shǔjià 夏休み

水 shuǐ 水、お湯

同意 tóngyì 賛成する、同意する

洗手间 xǐshǒujiān トイレ、お手洗い

想 xiǎng ～したい

新闻 xīnwén ニュース

行 xíng よろしい、大丈夫である、差し支え
ない

眼镜 yǎnjìng メガネ

要 yào ～したい、～する必要がある、～しな
ければならない

运动 yùndòng 運動する

重要 zhòngyào 重要な、大切な

周末 zhōumò 週末

---

1 方位詞

● 東西南北、前後左右などの方角や場所を表す語は、以下の表のとおり "〜面" ないしは "〜边" という形になる。下表中の「×」はそのような言い方が存在しないという意味。"〜边" は中国の北方ではr化することが多い。

● 名詞の後ろに置いて、その名詞を「場所化」する働きを持つ "上" と "里" は、第4課で既習。この二つの語は、地名や一部の場所を表す語の後ろには置けない。"图书馆" "学校" "教室" 等の名詞は "里" をつけてもつけなくても良い。

● 人を表す名詞や人称代名詞の後ろに "这儿（这里）" "那儿（那里）" を置くと、「その人のところ」の意となる。話し手がその場所を自分から近いと感じていれば "这儿（这里）" を、遠いと思っていれば "那儿（那里）" を使う。

	东	南	西	北	上	下	左	右	前	后	里	外	旁	对
〜面													×	
〜边														×

东边的大楼　　　前面的路口　　　我旁边的那位先生　　　对面的饭馆
去老师那儿　　　来我这儿　　　　在银行和邮局中间　　　在教室中间

---

2 存在文

● 動詞 "有" と "在" を用いて存在・所有を表す文は、第4課で既習。

● "有" は動詞 "是" に置き換えてもほぼ同じ意味を表現できる。"是" を使うと断定のニュアンスが伴われる。

● 「特定の」「既知の」モノ（旧情報）の存在を表現するには "在" と "是" を使う。

(1)　银行**在**车站对面。　　　　　○　<u>西北银行</u>**在**车站对面。
　　　车站对面**有**一家银行。　　×　车站对面**有**<u>西北银行</u>。
　　　车站对面**是**一家银行。　　○　车站对面**是**<u>西北银行</u>。

(2)　A：小李呢?
　　　B：小李**在**经理那儿。

(3)　A：桌子下边**是**什么?
　　　B：桌子下面**是**一只小猫。

(4)　教室里**有**10个学生。我右边**是**中山，左边**是**山本，我前面**没有**人，中村**在**我后面。

(5)　我家附近**没有**医院，**有**一个邮局。邮局**在**我家的东边。邮局对面**是**一家饭馆。我家西边**有**一个商店。

3 前置詞 "离" "从" "到" "从……到" "往"

● 前置詞 "在" は第5課で既習。前置詞フレーズは述語の前に置く。

● "离" の後ろに置かれる語は、時間・空間中の基準となる一点で、主語がそこからどれぐらい隔たっているかということを表現する。例（3）は "今天" という主語が省略されていると考えれば良い。

● "从" は時間・空間上の起点（〜から）を表し、"到" は時間・空間上の到達点（〜まで）を示す。

● "往" は後ろに場所を示す語を伴って、「その方向へ」という意味を表す。方位詞を伴う場合、p.46 の表の "东" から "外" までは後ろに "面" や "边" をつけなくても良い（例（4）B）。

(1) 我家**离**学校很近。

(2) A：宾馆**离**机场远不远?
    B：不太远。

(3) **离**考试还有两个星期。

(4) A：请问，**从**这儿**到**地铁站怎么走?
    B：**从**这儿**往**东走。

(5) 咱们**到**图书馆去吧。

(6) 我（**从**）星期一**到**星期五上班。

(7) 你**往**对面看看，他在那儿呢。

◆ 時間の長さの表現法

1年半	半年	3个月	1个半月	1个星期	
5天	10天	6个小时	半个小时	20分钟	
几年	几天	几分钟	几个月	几个星期	几个小时
多少年	多少天	多少分钟	多少个月	多少个星期	多少个小时

練習問題

一、次の文を中国語に訳しなさい。

(1) ここから地下鉄の駅までどのように行きますか。

(2) A：すみません、郵便局はどこにありますか。
　　 B：銀行の向かい側にあります。

(3) あの店の右側は病院です。

(4) 空港の中にはレストランがありますか。

(5) 学校は駅からとても遠いです。

(6) 王先生は教室にいません。教室には誰もいません。

(7) 今から夏休みまでまだ2ヵ月あります。

二、いま自分の周りに誰がいるのか……説明文を作りなさい。

(例えば：我前面是田中同学，后面是中田同学。中山同学在我右边。我左边没有人。我的桌子上有……)

三、次の文を中国語に訳しなさい。

　学校は私の家からあまり遠くありません。私は今日午前中に2コマの授業があります。昼は友人と一緒に食堂へご飯を食べに行きたいと思います。午後は図書館で勉強するつもりです。それから5時から9時まで駅前のコンビニでアルバイトをします。私は毎日とても忙しいです。

北 běi 北、北側

～边 bian（方位を示す語の後ろに置く）

宾馆 bīnguǎn ホテル

车站 chēzhàn（鉄道の）駅、バス停

从 cóng 時間・空間上の起点を表す、～から

到 dào 時間・空間上の到達点を表す、～まで

地铁站 dìtiězhàn 地下鉄の駅

东 dōng 東、東側

对面 duìmiàn 向かい側、向かい、真正面

饭馆 fànguǎn レストラン、料理店

分钟 fēnzhōng ～分間

附近 fùjìn 周辺、附近

还 hái さらに

后 hòu 後ろ、後ろ側

机场 jīchǎng 空港

经理 jīnglǐ 経営者、支配人

考试 kǎoshì 試験、テスト

离 lí 時間・空間上の基準点を表す、～から、～まで

里 lǐ 内側、中、内部

楼 lóu 二階建て以上の建物、ビル

路口 lùkǒu 交差点、道の入口

猫 māo ネコ

～面 miàn（方位を示す語の後に置く）

南 nán 南、南側

旁边 pángbiān そば、わき

前 qián 前、前側

商店 shāngdiàn 店、商店

上班 shàng bān 出勤する、働く

上 shàng 上、上の方

天 tiān ～日（にち）

外 wài 外、外側

往 wǎng 方向を示す、～方へ

西 xī 西、西側

下 xià 下、下側

先生 xiānsheng 男性に対する敬称、～さん、～氏

小时 xiǎoshí ～時間

医院 yīyuàn 病院、医院

银行 yínháng 銀行

邮局 yóujú 郵便局（"邮政局 yóuzhèngjú" とも）

右 yòu 右、右側

中间 zhōngjiān 真ん中、中間

走 zǒu（その場を離れるという意味の）行く、歩く

左 zuǒ 左、左側

1 　可能の意を表す助動詞

● 日本語で「〜できる」という意味を表すには助動詞 "能" "会" "可以" を使う。

● "能" は、条件・能力があって「〜できる」。

● "会" は、外国語や水泳など先天的に備わっていない能力を「学習することによって身につけたために〜できる」という意味。

● "会" は該当動作ができるかどうかを表現するのみで、できるようになった動作がどれくらいできるかについては "能" によって表す。例えば、泳げるかどうかを言うには "会" を用いるが、何メートル泳げるかを表すためには "能" を使う。

● "可以" は、基本的には「〜してさしつかえない」という意味の「〜できる」。否定には "不能" を用いることが多い。

● "能" と "可以" は多くの場合、相互代替が可能。

(1)　A：你**会**游泳吗?
　　　B：我**不会**游泳。

(2)　A：你**会不会**说汉语?
　　　B：我**会**一点儿。

(3)　A：他**会**开车吗?
　　　B：他**会**开车。
　　　A：今天他**能**开车吗?
　　　B：今天他要喝酒，**不能**开车。

(4)　这个星期六我没有事，**能**去见你。

(5)　A：飞机上**可以** / **能**上网吗?
　　　B：飞机上**不能**上网。

(6)　我**可以** / **能**回答这个问题。

● "很会"、"很能" は「〜に長けている」という意味になるが、"很会" が技能、テクニックなどを強調するのに対して "很能" は身体の能力や量をこなせることを強調する。

(7)　他妈妈**很会**做饭。

(8)　他**很能**吃，一顿能吃10个包子。

◆ V ＋ "一点儿"（＋名詞）

吃一点儿菜　　　买一点儿水果　　　喝一点儿水　　　会说一点儿英语

2 "〜好吗?" を用いた付加疑問文

● 平叙文の後ろに "好吗?" を置くと、依頼や勧誘の意を表すことができる。

(1) A：你帮我看看，**好吗**?
    B：好的。
(2) 今天晚上你去接孩子，**好吗**?
(3) A：下午我们俩和他们一起去公园玩儿，**好吗**?
    B：好啊。去哪个公园?
(4) 今年的文化节我们一起表演一个节目，**好吗**?

3 語気助詞 "吧" ②

● ここでは「命令」「推測」の意を表す "吧" の用例を学ぶ。

● 「命令」としたが、むしろ「命令」の語気をやわらげる働きをする。文脈によっては「要請」ぐらいのニュアンスになる。

● 「推測」は、自分が正しいと考えていることを相手に「確認」する用法である。

(1) 你快睡觉**吧**。
(2) 你们去外面玩儿**吧**。

(3) 你没有意见**吧**?
(4) 今天他们来这里吃晚饭**吧**?

◆ "又 A 又 B"

(1) 她妹妹**又**聪明**又**可爱。
(2) 今天的月亮**又**大**又**圆。
(3) 这条街道**又**安静**又**漂亮。
(4) 我们的英语老师**又**会唱歌**又**会跳舞。
(5) 我们**又**累**又**饿**又**渴。

練習問題

一、次の文を中国語に訳しなさい。

(1) 今日私はお酒を飲みません。運転できます。

(2) これはあなたの傘でしょう。

(3) ここの肉まんはおいしくて安いです。

(4) 私は果物を少し食べたいです。

(5) 教室ではインターネットが使えますか。

(6) 今日一緒にレストランへ食事に行きませんか。

二、指示に従って、中国語で作文しなさい。

(1) 料理ができるかどうかを尋ねる。

(2) 明日会いに来られるかどうかを尋ねる。

(3) はやく起きるようにと言う。

(4) 大学生のように見える人に大学生かどうかを確認する。

(5) "〜好吗?" を用いて、依頼文を作る。

(6) "又 A 又 B" を用いて、誰かを褒める文を作る。

三、次の文を中国語に訳しなさい。

　私たちの学校は大きくて綺麗です。私たちは1号館で授業を受けます。1号館の前は図書館です。図書館にはたくさん（很多 hěn duō）の本があります。私たちは毎日そこで宿題をします。図書館の中では携帯電話を使用することができません。ものを食べることもできません。図書館は日曜日は休みです。

安静 ānjìng 静かな

帮 bāng 手助けする、手伝う、～のために、～の代わりに

包子 bāozi 豚まん、肉まん

表演 biǎoyǎn 演技（する）、上演（する）

菜 cài 料理、おかず、野菜

聪明 cōngming（またはcōngmíng）賢い、聡明な

顿 dùn [量詞] 食事の回数を数える

饿 è 空腹の、お腹がへった

饭 fàn ごはん、米飯、食事

孩子 háizi 子ども

和 hé …と（いっしょに）；と、および

回答 huídá 答える

会 huì（学習した結果）～できる

见 jiàn 会う

接 jiē 出迎える、受けとる

街道 jiēdào 街路、通り、町内

节目 jiémù プログラム、演目、出し物

酒 jiǔ 酒、アルコール

开 kāi 開ける、開く、（機械や車などを）動かす、運転する、スイッチをいれる

开车 kāi chē 車の運転をする

渴 kě 喉が渇いた

可爱 kě'ài かわいい、愛すべき

可以 kěyǐ ～できる、～してさしつかえない

累 lèi 疲れた

能 néng（能力・条件があって）～できる

门 mén ドア、門、扉

上网 shàng wǎng インターネットをする

水果 shuǐguǒ 果物

睡觉 shuì jiào 眠る、寝る

说 shuō 言う、話す

玩儿 wánr 遊ぶ

晚饭 wǎnfàn 晩ご飯、夕食

文化节 wénhuà jié 文化祭

一点儿 yìdiǎnr 少し

意见 yìjiàn（またはyìjian）意見、文句

游泳 yóu yǒng 泳ぐ、水泳をする

又A又B yòu …yòu … AでありBでもある

圆 yuán 丸い、まんまるの

月亮 yuèliang（天体の）月

第 **11** 課

53

1 様態補語①

● 中国語では、「補語」は述語の後ろに置く。

● 様態補語とは、述語の示す状況・状態・程度等について、詳しい説明をするもの。語順は、「述語＋"得"＋補語」。述語動詞（V）が目的語（O）をとる場合には、動詞を繰り返して「V＋O＋V＋"得"＋補語」とする。一つ目の動詞は省略して「O＋V＋"得"＋補語」と言うこともできる。

● 様態補語の前には程度副詞を置くことができる。以下の例（6）のように二つのことを対比する場合には、程度副詞は置かなくても良い。

● 様態補語を含む文の否定は、補語の前に否定辞を置くことによって行う。疑問文は文末に"吗"を置いても、補語の部分で反復疑問文を作っても良い。

(1) 你说得真好。

(2) 你（说）汉语说得真好。

(3) 我（写）字写得不好看。

(4) A：他跑得快不快?

　　B：他跑得不快。

(5) A：你们玩儿得高兴吗？

　　B：我们玩儿得非常高兴。

(6) A：她（唱）歌唱得怎么样？

　　B：她（唱）歌唱得一般，（跳）舞跳得不错。

(7) 我妈妈（做）饭做得不太好吃。

(8) 李老师的女儿长得很漂亮。

◆ "好" ＋ V

● "好"は動詞の前に置かれると、通常「～しやすい」という意味を表すが、"吃""喝""闻""听""看"など五感に関連する動詞の場合には、味・におい・音・見た目等が良いことを示す。

| 好用 | 好学 | 好写 | 好骑 | 好找 |
| 好吃 | 好喝 | 好闻 | 好听 | 好看 |

2 副詞 "才" と "就"

● 時間や年齢などを表す名詞が "才" や "就" の前にある場合、"才" は、動作や行為の発生・終了について、話し手が遅いと感じていることを表す。"就" はその逆で、話し手が早い、あっという間だと感じていることを示す。

● 同じひとつの現象でも、話し手がどう感じているかによって、どちらを使うかが決まる。"才" と "就" は副詞なので、述語の直前に置く。

(1) 我今天 9 点半**才**起床。

(2) 你怎么**才**到？ （＝你怎么<u>现在</u>**才**到？）

(3) 他现在**才**去洗澡？

(4) 山本 3 岁**就**开始学习弹钢琴。

(5) 他从小**就**会做饭。

(6) 我姥姥每天晚上 8 点**就**睡觉。

3 前置詞 "给" "跟" "对"

● "给" は、動作・行為の受け手（受益者）を示す。

● "跟" は、「～と（共に）」の意。

● "对" は、「～に対して、～について」という意味を表す。

(1) A：你经常**给**父母写信吗？

　　B：很少写。我经常**给**他们打电话。

(2) 我**给**你们介绍介绍，这是我同学高歌（Gāo Gē）。

(3) A：你常常**跟**谁一起玩儿？

　　B：我常常**跟**我朋友一起玩儿。

(4) 晚上我**跟**你联系吧。

(5) A：高先生**对**动物感兴趣吗？

　　B：不太感兴趣。

(6) 我**对**日本文化不太了解。

練習問題

一、次の文を中国語に訳しなさい。

(1) 私はよく友人と一緒に図書館で勉強します。

(2) 彼女は小さいころからピアノを習っています（弾くのを習い始めました）。

(3) 妹は日本のアニメにとても興味があります。

(4) 昨夜私は1時にやっと寝ました。

(5) あなたは私に何を言いたいのですか。

(6) あなたに私たちの学校を紹介します。

二、指示に従って、様態補語を用いて作文しなさい。

(1) 彼女がサッカーが上手であることを説明する。

(2) 車の運転の技術がどうかを尋ねる。

(3) 料理が上手かどうかを尋ねる。

(4) 彼が中国語を話すのが上手であることを説明する。

(5) 自分が歌を歌うのがあまりうまくないことを説明する。

(6) 泳ぐのが速いかどうかを尋ねる。（反復疑問文で）

三、次の文を中国語に訳しなさい。

　私には兄が一人と弟が一人います。兄は背が高いです。彼は走るのが速くて、バスケットボールも上手です。弟はハンサムで、頭もいいです。彼は絵を描くのがとても上手です。料理をとてもおいしく作ります。兄はいまアメリカに留学中です。彼はよく私たちに電話をかけてくれます。私は来年中国へ留学して中国語を勉強するつもりです。

不错 búcuò よい、結構な、すばらしい

才 cái ようやく、やっと

常常 chángcháng しばしば、しょっちゅう

从小 cóngxiǎo 小さいときから、幼い頃から

到 dào 到着する、着く

得 de ［様態補語を導く助詞］

动物 dòngwù 動物

对 duì 〜に対して、〜について

父母 fùmǔ 父母、両親

感兴趣 gǎn xìngqù 興味がある、関心がある

钢琴 gāngqín ピアノ

高兴 gāoxìng うれしい、喜ぶ

给 gěi ［受益者を示す前置詞］〜に

跟 gēn 〜と共に

介绍 jièshào 紹介する

经常 jīngcháng しばしば、しょっちゅう

就 jiù もう、あっという間に、すぐに

开始 kāishǐ 始める、始まる、開始する

联系 liánxì 連絡する

了解 liǎojiě 理解している、はっきり知っている、わかっている

跑 pǎo 走る

骑 qí（またがって）乗る、（またがって）運転する

弹 tán（楽器を）弾く

玩儿 wánr 遊ぶ

闻 wén においをかぐ

文化 wénhuà 文化

洗澡 xǐ zǎo 入浴する

信 xìn 手紙

一般 yìbān 普通の、一般的な、そこそこの

长 zhǎng 生える、成長する、容姿・外見が〜である

找 zhǎo 探す、訪ねる

真 zhēn 本当に、すごく

字 zì 字

第 **12** 課

57

第13課

1 兼語文

● 動詞をふたつ含む文のうち、ひとつめの動詞（V₁）の目的語（O₁）がふたつめの動詞（V₂）の主語（S₂）を兼ねる構造を持つものを「兼語文」と呼ぶ。

● 図式化すると、[S₁ +] V₁ + O₁/S₂ + V₂ [+ O₂] となる（S₁とO₂は任意要素）。つまり、兼語であるところの「O₁/S₂」は一語がふたつの役割を果たしていると言える。

● おおむね「[S₁は] O₁/S₂が [O₂を] V₂するようにV₁する」と訳すことができる。

(1) 今天晚上他们**请**我吃饭。
(2) 你渴吗？我**请**你喝杯咖啡吧。
(3) 老师**让**我们自己解决这个问题。
(4) 妈妈不**让**他玩儿游戏。
(5) 晚上睡觉前女儿总是**让**我给她讲故事。
(6) 公司经常**派**他去东京出差。
(7) 我们想**选**他当代表。

2 助動詞 "愿意" "敢"

● "愿意" は「～することを願う」「喜んで～する」という意味を表す。

● "愿意" は "很" や "非常" などの程度副詞で修飾することができる。反復疑問文では "愿不愿意" のように、ひとつめの "意" を省略しても良い。

● "敢" は、肯定形では「～する勇気がある」「思い切って～する」という意味を表す。日本語の「あえて」とは違うので要注意。否定形では、関西弁の「よう～せぇへん（しぃひん）」が一番ぴったりくる訳語である。

(1) 我有两张音乐会的票，谁**愿意**跟我一起去？
(2) A：你**愿（意）不愿意**跟我们一起吃晚饭？
　　B：非常愿意。
(3) 他不**愿意**去外地出差，喜欢在公司上班。
(4) 你**敢不敢**吃蝎子？
(5) 我不**敢**看恐怖电影。
(6) **谁敢**坐过山车？

◆ "想" と "愿意"

● "想" と "愿意" はともに願望を表す。"想" が「〜したい」のほかに「〜する予定」という意味をもつのに対して、"愿意" にはこの意味はなく、「喜んで〜する」「進んで〜する」という意味を表す。

(1) 明天我**想**8点起床。

　　(× 明天我愿意8点起床。)

(2) 去那里工作很苦，你**愿意**吗?

　　(× 去那里工作很苦，你想吗?)

◆ "一边 V₁ 〜，一边 V₂ …"

● 「V₁しながらV₂する」という意味を表す。

● V₁とV₂が共に単音節（＝一字）の動詞で目的語を取らない場合には、"边 V₁〜，边 V₂ …" というように "一" を省略することができる。

(1) 他喜欢**一边**看棒球比赛，**一边**喝啤酒。

(2) 我总是**一边**听音乐，**一边**收拾房间。

(3) 她们在**一边**唱歌，**一边**跳舞。

(4) 咱们（**一**）**边**走（**一**）**边**说吧。

(5) 那个小孩儿**一边**哭**一边**找妈妈。

(6) 学生们**一边**听老师讲课，**一边**记笔记。

一、次の文を中国語に訳しなさい。

　(1)　午後、私はあなたを映画に連れて行きましょう。[私がお金を払う]

　(2)　先生は私に今日は家で休むようにと言った。[使役]

　(3)　会社は彼を留学に行かせる（派遣する）つもりはない。

　(4)　私は飛行機に乗りたくありません（勇気がありません）。新幹線に乗りたいです。

　(5)　私の妹はテレビを見ながら宿題をするのが好きです。

　(6)　車を運転しながら電話をしてはいけません。

二、例にならって、与えられた語句で作文しなさい。

　　　　　例：愿意去　→　我非常愿意去外地工作。

　(1)　请～看足球比赛　　　→

　(2)　让～玩儿手机　　　　→

　(3)　一边～一边～　　　　→

　(4)　不愿意做饭　　　　　→

　(5)　（不）敢开车　　　　→

　(6)　一边～一边上网　　　→

三、次の文を中国語に訳しなさい。

　私の家は京都にあり、大学からそれほど遠くありません。私は毎日バスに乗って登校します（学校に来ます）。私は自転車に乗りたくありません（勇気がありません）。私はバスの中で音楽を聴きながら中国語の本を読むのが好きです。

　私の家は、両親と私の三人家族です。父は仕事がとても忙しいです。父の会社は大阪にあります。会社はしょっちゅう父を東京へ出張に行かせます。今度の土曜日に父は母に一緒に東京へ行ってもらおとしていますが、母は行きたくありません。母は私を父と一緒に行かせようとしています。

棒球 bàngqiú 野球

杯 bēi [量詞] 液体をコップなどの容器を単位として数える

笔记 bǐjì メモ（记~jì~ ノートをとる、メモをとる）

比赛 bǐsài 試合、競技会、コンテスト、コンクール

出差 chū chāi 出張する

代表 dàibiǎo 代表者

当 dāng ～になる

东京 Dōngjīng 東京

敢 gǎn ～する勇気がある、思い切って～する

故事 gùshi 物語、お話

过山车 guòshānchē ジェットコースター

记 jì 記録する、書き留める、記入する

讲 jiǎng 話す、語る；解釈する、説明する

讲课 jiǎng kè （教師が）授業をする

解决 jiějué 解決する

恐怖电影 kǒngbù diànyǐng ホラー映画

哭 kū 泣く

苦 kǔ つらい、苦しい、苦い

派 pài 派遣する、行かせる

请 qǐng おごる、お金を出してあげる、招待する

让 ràng ～させる、～してもらう

收拾 shōushi 片付ける

外地 wàidì よその土地、地方

小孩儿 xiǎoháir 子ども

蝎子 xiēzi サソリ

选 xuǎn 選ぶ

一边 V₁…，一边 V₂… yìbiān… yìbiān… V₁しながらV₂する

音乐会 yīnyuèhuì コンサート、音楽会

游戏 yóuxì ゲーム

愿意 yuànyì ～することを願う、喜んで～する

总是 zǒngshì どのみち、いつも

第 **14** 課

1 程度補語

● 形容詞および動詞の中で心理的状態や生理的状態を表すもの【＝状態動詞】の後ろに置いて、程度を表す補語のことを程度補語と呼ぶ。様態補語の特殊な形と見なす考え方もある。いずれにしても、数は多くないので、表現あるいは単語として覚えてしまうと良い。文脈によって「非常に〜」「すごく〜」「ひどく〜」「〜でたまらない」などと訳すことができる。

● 心理的状態を表す状態動詞には "爱" "恨" "喜欢" "讨厌" "想 (懐かしむ、会いたいと思う)" "希望" などがある。

● 生理的状態を表す状態動詞には "饿" "困" などがある。

● 程度補語 "〜得很" と "〜极了" は、多くの形容詞・動詞と共に使うことができ、この両者を入れ替えることもできる。

● "〜死了" は、皮肉や冗談のニュアンスを含むことがある。

● "〜透了" は、マイナスの意味をもつ形容詞・動詞と共に使われる。

● 感覚的に不快なことについて述べる場合には、"〜得慌" と "〜死了" は用いることができるが、"〜透了" は使えない。

(1) 他今天高兴**得很**。

(2) 我喜欢听那首歌，喜欢**得很**。

(3) 张老师每天工作很忙，辛苦**得很**。

(4) 她寂寞**得很**，非常想家。

(5) 高老师对这里熟悉**得很**。

(6) 那只小猫可爱**极了**。

(7) 这个西瓜甜**极了**。

(8) 日本的抹茶冰激凌好吃**极了**。

(9) 我讨厌那个演员，讨厌**极了**。

(10) 今天大家玩儿得开心**极了**。

(11) 我肚子疼**死了**，今天不想去上课。

(12) 这件衣服难看**死了**。

(13) 屋子里脏**死了**。

(14) 我最近倒霉**透了**。

(15) 那个人坏**透了**。

(16) 我很难过，心里憋**得慌**。

62

◆ 述語と程度補語の組み合わせ

＋ "～极了" / "～得很"

| 好听 | 好吃 | 好闻 | 漂亮（好看） | 干净 |
| 难听 | 难吃 | 难闻 | 难看 | 脏 |

简单　复杂　熟悉　精彩　开心　寂寞　恶心

热　冷　快　慢　累　困　饿　渴　凉快　暖和

＋ "～死了"

热　冷　快　慢　累　困　饿　渴　脏　难看　寂寞　恶心

＋ "～透了"

糟糕　坏　倒霉

＋ "～得慌"

吵　憋　闹

2 程度を表す "太～了"

● "太～了" は程度が甚だしいことを示す。プラスの意味にもマイナスの意味にも使える。プラスの場合には賞賛や感嘆を表す。マイナスの場合には「～過ぎる」と訳すことができる。

(1) 那件衣服**太**漂亮**了**，我也想买一件。

(2) 昨天的棒球比赛**太**精彩**了**。

(3) 这里**太**舒服了。

(4) 那个孩子**太**闹**了**。

(5) 这个**太**难吃**了**。

(6) 这条裤子**太**长**了**。

(7) 您说得**太**快**了**。

(8) 您画得**太**棒**了**。

一、語句を並び替えて正しい中国語にしなさい。

(1) 常常　　得很　　出差　　工作　　爸爸　　忙　　最近

(2) 漂亮　　妹妹　　极了　　长　　他　　得

(3) 他　　他　　家　　在　　对　　得很　　大阪　　大阪　　熟悉

(4) 吵　　多　　里　　人　　很　　得慌　　教室

(5) 透了　　今天　　我　　倒霉

(6) 她　　唱　　得　　极了　　唱歌　　好听

二、次の文には誤りがある。カッコ内の日本語を参考にして正しい中国語にしなさい。
　　ただし、必ず程度補語を使うこと。誤りは一つとは限らない。

(1) 屋子里很凉快得慌。　　　　（部屋の中はとても涼しい。）

(2) 她太困死了。　　　　　　　（彼女は眠くてたまらない。）

(3) 他今天非常高兴得很。　　　（彼は今日嬉しくてたまらない。）

(4) 今天的比赛精彩透了。　　　（今日の試合は実にすばらしかった。）

(5) 她舞跳得很好透了。　　　　（彼女のダンスは本当にすばらしい。）

(6) 这个练习简单透了。　　　　（この練習は簡単すぎる。）

(7) 他写字得太难看死了。　　　（彼は字［を書くの］がへたくそだ。）

(8) 我喜欢打篮球，太喜欢极了。（私はバスケットボールが好きでたまらない。）

三、次の文のカッコ内に適切な語句を入れなさい。

　　今天星期天，没有课。我上午（　　　　）家（　　　　）作业，复习汉语。中午我（　　　　）一个朋友（　　　　）电话，下午三点我们一起去大阪车站附近玩儿。我家（　　　　）大阪车站不太（　　　　），我们打算（　　　　）地铁去。星期天地铁里人多（　　　　）［程度補語］。大阪车站附近人也多（　　　　）［程度補語］。车站附近有一（　　　　）商店，商店里干净（　　　　）［程度補語］，东西（　　　　）好（　　　　）便宜，我们（　　　　）去那里（　　　　）东西。今天我们也（　　　　）去那（　　　　）商店（　　　　）东西，还（　　　　）去唱歌。

［程度補語の訳語は一例。程度が甚だしいことを表現できれば良い］

棒 bàng すばらしい、すごい	抹茶 mǒchá 抹茶
憋 biē むしゃくしゃする、気がふさぐ	难过 nánguò 悲しい、辛い
冰激凌 bīngjīlíng アイスクリーム	闹 nào うるさい、騒がしい、にぎやかな
吵 chǎo うるさい、騒がしい	暖和 nuǎnhuo 暖かい
大家 dàjiā みんな、みなさん	舒服 shūfu 心地よい、気分がよい、快適な
倒霉 dǎo méi 運が悪い、ついてない	熟悉 shúxī よく知っている、精通している
～得很 dehěn ［程度補語］とても、非常に、ひどく、本当に	～死了 sǐle ［程度補語］ひどく、すっかり、とても
～得慌 dehuang ［程度補語］ひどく、～でたまらない	太～了 tài…le すごく～、～すぎる
肚子 dùzi 腹、おなか	讨厌 tǎo yàn 嫌う、嫌いな、煩わしい
恶心 ěxin 嫌気がする、吐き気がする	甜 tián 甘い
复杂 fùzá 複雑な	～透了 tòule ［程度補語］ひどく、徹底的に、とことんまで
干净 gānjìng 清潔な、きれいな	屋子 wūzi 部屋
坏 huài 悪い、こわれた	想 xiǎng 考える、思う
～极了 jíle ［程度補語］きわめて、この上なく	想家 xiǎng jiā ホームシックになる、実家や故郷を懐かしく思う
寂寞 jìmò さびしい	辛苦 xīnkǔ 苦しい、辛い、苦労する
简单 jiǎndān 簡単な、単純な	心里 xīnli 心の中、気持ち
精彩 jīngcǎi すばらしい、見事な	演员 yǎnyuán 役者、俳優、出演者（男女を問わない）
开心 kāixīn 嬉しい、楽しい	脏 zāng きたない、汚れた
困 kùn 眠い	糟糕 zāogāo ひどい、だめな
凉快 liángkuai 涼しい	

第15課

1 文末の "了"

● 文末（複文の節の終わりも含む）に置かれる "了" は「変化」を表す。
文脈によって「〜になった」「〜することにした」などと訳すことができる。

(1) 天气暖和**了**。

(2) 秋天了，苹果熟**了**。

(3) 这双鞋小**了**。

(4) 我弟弟现在是高中生**了**。

(5) 我没有钱**了**。

(6) 她又想学游泳**了**。

(7) 她会开车**了**。

(8) 我能用英文写信**了**。

● "不……了" は「〜しないことにした」「〜するのをやめた」という意味になる。

(9) 他下午有点儿急事，**不**来**了**。

(10) 我不舒服，今天**不**去学校**了**。

(11) 我19岁**了**。

(12) 已经12点**了**。

(13) 今天都星期四**了**，时间过得真快。

(14) 冬天**了**，天气冷**了**。

(15) 已经100个**了**，太多了。

2 因果関係を表す接続詞 "因为" と "所以"

● "因为" は「なぜなら」、"所以" は「だから、それゆえ」という意味を表す。複文の前半に "因为" を使い、後半に "所以" を用いるのが普通だが、どちらか片方を省略することもできる。

● 例文 (4) (5) (6) のように、複文の後半に "因为" を置いて、理由を後から付加することもできる。

(1) **因为**他学习非常努力，**所以**成绩很好。

(2) **因为**今天有台风，我们不上课，**（所以）**不用早起。

(3) 你写字写得好看，**所以**你写吧。

(4) 我爸爸很累，**因为**他每天工作都很忙。

(5) 咱们坐地铁去吧，**因为**我不敢骑车。

(6) 我想学汉语，**因为**我喜欢听中国歌。

◆ "这么" "那么"

● "这么" は「こんな（に）」、"那么" は「そんな（に）、あんな（に）」の意。形容詞や形容詞的に用いられる語句（例文 (5) の "有意思"）の前に置かれる。

● 動詞の前に置かれた場合には、「こんな風に」「そんな風に、あんな風に」という意味を表す。

  (1) **这么**可爱的小花猫是谁家的?

  (2) 哇！没想到你有**这么**多书。

  (3) 你今天怎么**这么**高兴?

  (4) 你家离超市**那么**近，真方便。

  (5) 那个电影真的**那么**有意思吗?

  (6) 你真的**那么**喜欢自己的工作吗?

  (7) 他愿意**那么**做吗?

  (8) 这个问题你要**这么**回答。

練習問題

一、次の文を中国語に訳しなさい。

   (1) 夏になりました。暑くなりました。

   (2) 私はもう大学四年生になりました。

   (3) 私は中国へ留学に行きたいです。なぜなら中国文化を勉強したいからです。

   (4) あなたがフランス語をこんなに上手に話すとは思いもよりませんでした。

   (5) 彼は中華料理を作れるようになりました。

   (6) 私はアイスクリームを食べ過ぎて、お腹が痛くなりました。

二、与えられた語句を用いて作文しなさい。

   (1) 不～了

   (2) 想～了

   (3) 能～了

   (4) 因为～所以…

   (5) 这么

三、これまでに習った語句を用いて、150字程度で作文しなさい。

冬天 dōngtiān 冬

方便 fāngbiàn 便利な

高中生 gāozhōngshēng 高校生

过 guò 過ぎる

花猫 huāmāo 三毛猫、ぶち猫

急事 jíshì 急用

了 le（文末に置いて）〜になった、〜することにした

没想到 méi xiǎngdào 思いもよらなかった

那么 nàme そんなに（も）、あんなに（も）

努力 nǔlì 努力する、がんばっている

起 qǐ 起きる、起き上がる

秋天 qiūtiān 秋

熟 shú, shóu 熟した、熟れた

双 shuāng［量詞］靴や箸など二つで一組として使うものを数える

所以 suǒyǐ だから、それゆえ

台风 táifēng 台風

天气 tiānqì 天気、気候

哇 wā［感嘆詞］驚いた気持ちを表す

鞋 xié 靴

已经 yǐjīng すでに、もう

因为… yīnwèi なぜなら…、…なので

英文 yīngwén 英文、英語

又 yòu また

早 zǎo（時間が）早い、早く

第15課

(1) 或者 (9课)

星期天咱们去看电影，或者去吃饭，怎么样？

吃饺子或者吃面条都行。

(2) （是）……还是…… (6课)

他是大学生，还是高中生？

你们（是）坐公共汽车去，还是坐出租车去？

(3) 一边……一边…… (13课)

我爸爸总是一边喝啤酒，一边看棒球比赛。

你喜欢一边听音乐一边做什么？

(4) 因为……所以…… (15课)

因为最近很忙，所以我没给她打电话。

因为那个超市离我家很近，所以我常常去那里买东西。

(5) 又……又…… (11课)

日本的苹果又大又甜。

我现在又冷又饿。

語句索引

語句索引

75

語句索引

語句索引

著者

郭雲輝

中西裕樹

王松

唐顥芸

内田尚孝

表紙デザイン　大下賢一郎
本文デザイン　メディアアート

文法力を鍛える中国語ライティング I

検印
省略　　　ⓒ 2022 年 1 月 31 日　　第 2 版　　発行

著　者　　　　　　　　　　郭　雲　輝
　　　　　　　　　　　　　中西裕樹
　　　　　　　　　　　　　王　　松
　　　　　　　　　　　　　唐　顥　芸
　　　　　　　　　　　　　内田尚孝
発行者　　　　　　　　　　原　　雅　久
発行所　　　　　株式会社　朝 日 出 版 社
　　　　〒 101-0065　東京都千代田区西神田 3-3-5
　　　　　　　電話(03) 3239-0271・72(直通)
　　　　　　　振替口座　東京　00140-2-46008
　　　　　　　　　　　倉敷印刷
　　　　　　　　http://www.asahipress.com

黑龙江

50°

黑龙江
松花江
哈尔滨

45°

内蒙古自治区
长春
吉林
沈阳
辽宁
朝鲜

北京市
135°
呼和浩特
恒山
渤海
河北 天津市
银川
石家庄
韩国
太原
济南 泰山
35°
山西
山东
黄海
陕西
黄 河
嵩山
郑州
江苏
西安 华山
河南
合肥 南京
太湖
上海市
30°
安徽
湖北
武汉 黄山
杭州
庐山
鄱阳湖
浙江
重庆市
长 江
洞庭湖
长沙 江西
南昌
东海
贵州
湖南
贵阳
衡山
福建
福州

台北
北回归线
130°
台湾海峡
台湾

广西壮族自治区
广东
南宁 西江
广州
澳门 香港
20°

日本

海口
海南
南海
0   400   800km

110°   115°   120°   125°

キャンパス・ナビゲーション
北京の大学生たち

南雲大悟
Daigo Nagumo

朝日出版社

音声ダウンロード

 音声再生アプリ「リスニング・トレーナー」（無料）

朝日出版社開発のアプリ、「リスニング・トレーナー（リストレ）」を使えば、教科書の音声をスマホ、タブレットに簡単にダウンロードできます。どうぞご活用ください。

まずは「リストレ」アプリをダウンロード

▶ App Store はこちら　　　　▶ Google Play はこちら

アプリ【リスニング・トレーナー】の使い方

❶ アプリを開き、「コンテンツを追加」をタップ

❷ QRコードをカメラで読み込む

❸ QRコードが読み取れない場合は、画面上部に 45369 を入力し「Done」をタップします

QRコードは㈱デンソーウェーブの登録商標です

Webストリーミング音声

http://text.asahipress.com/free/ch/245369

◆本テキストの音声は、上記のアプリ、ストリーミングでのご提供となります。
　本テキストにCD・MP3は付きません。